宿白集

# 白沙宋墓

生活·讀書·新知 三联书店

Copyright © 2017 by SDX Joint Publishing Company.
All Rights Reserved.

本作品版权由生活·读书·新知三联书店所有。
未经许可,不得翻印。

**图书在版编目(CIP)数据**

白沙宋墓/宿白著. 一北京:生活·读书·新知三联书店,
2017.10 (2023.9 重印)
(宿白集)
ISBN 978 - 7 - 108 - 06019 - 8

Ⅰ.①白… Ⅱ.①宿… Ⅲ.①宋墓-发掘报告-禹州
Ⅳ.① K878.85

中国版本图书馆 CIP 数据核字(2017)第 170873 号

责任编辑　杨　乐
特约编辑　张保卿　王云飞
装帧设计　蔡立国
责任印制　董　欢
出版发行　生活·讀書·新知 三联书店
　　　　　(北京市东城区美术馆东街 22 号 100010)
网　　址　www.sdxjpc.com
经　　销　新华书店
印　　刷　天津图文方嘉印刷有限公司
版　　次　2017 年 10 月北京第 1 版
　　　　　2023 年 9 月北京第 6 次印刷
开　　本　720 毫米 × 1020 毫米 1/16 印张 14.5
字　　数　138 千字　图 135 幅
印　　数　17,001－20,000 册
定　　价　98.00 元

(印装查询:01064002715;邮购查询:01084010542)

# 出版说明

宿白,1922年生,字季庚,辽宁沈阳人。1944年毕业于北京大学史学系。1948年北京大学文科研究所攻读研究生肄业,1951年主持河南禹县白沙水库墓群的发掘,1952年起先后在北京大学历史系和考古系任教。1983年任北京大学考古系主任,兼校学术委员,同年任文化部国家文物委员会委员。1999年起当选中国考古学会荣誉理事长至今。2016年获中国考古学会终身成就奖。

宿白从事考古研究和教学工作逾一甲子,被誉为"百科全书式"的学者,尤其是在历史时期考古学、佛教考古、建筑考古以及古籍版本诸领域,卓有成就。著名考古学家徐苹芳在《中国大百科全书·考古卷》中如此评价宿白:"其主要学术成果是,运用类型学方法,对魏晋南北朝隋唐墓葬作过全面的分区分期研究,从而为研究这一时期墓葬制度的演变、等级制度和社会生活的变化奠定了基础;他结合文献记载,对这个时期城市遗址作了系统的研究,对当时都城格局的发展、演变,提出了创见。对宋元考古作过若干专题研究,其中《白沙宋墓》一书,体现了在研究方法上将文献考据与考古实物相结合,是宋元考古学的重要著作。在佛教考古方面,用考古学的方法来研究中国石窟寺遗迹。"宿白的治学方法是"小处着手,大处着眼",在踏实收集田野与文献材料的基础上,从中国历史发展与社会变革的大方向上考虑,终成一代大家。宿白集六种,收入了田野考古报告、论著、讲稿等作者的所有代表性著述,分别可从不同侧面体现宿白的学术贡献。

《白沙宋墓》、《藏传佛教寺院考古》、《中国石窟寺研究》、《唐宋时期的雕版印刷》、《魏晋南北朝唐宋考古文稿辑丛》和《宿白讲稿》

系列,曾先后由文物出版社出版,皆是相关专业学者和学生的必读精典。三联书店此次以"宿白集"的形式将它们整合出版,旨在向更广泛的人文知识界读者推介这些相对精专的研究,因为它们不仅在专业领域内有着开创范例、建立体系的意义,更能见出作者对历史大问题的综合把握能力,希望更多的学者可以从中受益。此次新刊,以文物出版社版为底本,在维持内容基本不变的基础上,统一了开本版式,更新了部分图版,并由北京大学考古文博学院的多位师生对初版的排印错误进行了校订修正。所收著述在语言词句方面尽量保留初版时的原貌,体例不一或讹脱倒衍文字皆作改正。引文一般依现行点校本校核。尚无点校本行世之史籍史料,大多依通行本校核。全集一般采用通行字,保留少数异体字。引文中凡为阅读之便而补入被略去的内容时,补入文字加〔〕,异文及作者的说明性文字则加( ),缺文及不易辨识的文字以□示之。」表示碑文、抄本等原始文献的每行截止处。

宿白集的出版,得到了杨泓、孙机、杭侃等诸先生的大力支持,并得到北京大学考古文博学院的鼎力相助。在此,谨向所有关心、帮助和参与了此项工作的朋友表示衷心的感谢,并诚恳地希望广大读者批评指正。

生活·读书·新知三联书店
2017年8月

# 目　次

绪　言 ………… 19

**第一号墓**［颍东第一一九号墓］

　　发掘经过 ………… 27

　　墓的构造 ………… 30

　　墓的装饰 ………… 42

　　人骨和随葬品 ………… 80

**第二号墓**［颍东第一三一号墓］

　　发掘经过 ………… 87

　　墓的构造 ………… 89

　　墓的装饰 ………… 93

　　人骨和随葬品 ………… 102

**第三号墓**［颍东第一三二号墓］

　　发掘经过 ………… 107

　　墓的构造 ………… 109

　　墓的装饰 ………… 113

　　人骨 ………… 118

**与三墓有关的几个问题**

　　三墓的年代、三墓的关系和墓主人的社会身份 ………… 123

　　三墓的室内构造和布置 ………… 139

图　版 ………… 155

后　记 ………… 210

附　录　从许昌到白沙 ………… 212

英文提要 ………… 225

# 插图目次

一　发现第一号墓墓顶时的情况………… 28
二　第一号墓墓道底平坦部分和白瓷片分布的情况………… 28
三　第一号墓墓门外层封门砖的组织………… 28
四　第一号墓墓门复原及墓门各部分名称图（舒化章绘）………… 31
五　第一号墓甬道横剖面（舒化章绘）………… 32
六　第一号墓前室南壁下部（舒化章绘）………… 32
七　第一号墓前室补间铺作（舒化章绘）………… 33
八　第一号墓前室、过道间转角铺作（舒化章绘）………… 34
九　第一号墓过道两壁的破子棂窗（舒化章绘）………… 35
一〇　第一号墓前室、过道顶——丁字盝顶式宝盖（彭华士摄）………… 36
一一　1. 第一号墓后室平、剖面………… 36
　　　2. 河北易县清昌陵地宫后部平、剖面（据《中国营造学社汇刊》5卷3期绘）………… 36
一二　第一号墓后室补间铺作（舒化章绘）………… 36
一三　第一号墓后室北壁假门（舒化章绘）………… 38
一四　第一号墓后室室顶小铺作（舒化章绘）………… 38
一五　1. 第一号墓甬道西壁壁画中的酒瓶………… 43
　　　2. 河南安阳北宋熙宁十年王用墓中部分壁画（据《文物参考资料》1954年8期绘）………… 43
　　　3. 辽宁义县清河门第四号辽墓所出的酒瓶（据《考古学报》8册绘）………… 43
　　　4. 河南禹县扒村宋窑白釉黑花瓶（据陈万里《宋代北方民间瓷器》图版20绘）………… 43
　　　5. 《新刊全相成斋孝经直解》中祭祀附图（据影印元刻本绘）………… 43
　　　6. 山西永济永乐宫元至正十八年《纯阳帝君神游显化之图》壁画中捧持酒瓶的侍童（据原画绘）………… 43
一六　1. 第一号墓前室南壁壁画中的骨朵………… 43

       2. 河南安阳王用墓壁画中的骨朵（据《文物参考资料》1955 年 8 期绘）………… 43
       3. 日本大阪山中商会所藏宋墓壁画中的骨朵(据《东西古甸金石展观》绘)………… 43
       4. 内蒙古林东辽庆陵东陵壁画中的骨朵（据田村实造等《庆陵》Ⅱ图版 23 绘）………… 43
       5. 宋人《却坐图》中的骨朵（据《故宫书画集》17 期绘）………… 43
       6.《武经总要·器图》中的蒜头骨朵（据《四库全书珍本初集》本绘）………… 43
       7.《燕北录》骨朵附图（据明刻《宋人百家小说》本绘）………… 43
一七　第一号墓前室东壁壁画中女乐所着的尖鞋 ………… 44
一八　1. 第一号墓前室东壁壁画中女乐所戴的莲花冠 ………… 44
       2. 唐人《纨扇仕女图》中的莲花冠（据郑振铎《伟大的艺术传统图录》4 辑图版 9 绘）………… 44
       3. 传唐周昉《簪花仕女图》中的莲花冠（据东北博物馆《伟大祖国古代艺术特展图录》绘）………… 44
       4. 山西太原晋祠圣母殿中北宋着莲花冠的侍女塑像头部（据原物绘）………… 44
一九　1. 第一号墓前室东壁壁画中女乐所执的排箫 ………… 45
       2. 四川成都五代王建墓棺床壸门中雕出的奏排箫的女乐（据《文物参考资料》1955 年 3 期绘）………… 45
       3、4.《三礼图》中的箫（据影印蒙古刻本绘）………… 45
       5. 宋摹五代周文矩《宫中图》中奏排箫的女乐（据《美术研究》169 号绘）………… 45
二○　1. 第一号墓前室西壁壁画中砖砌椅子 ………… 46
       2. 甘肃敦煌莫高窟 196 窟（晚唐）壁画中的椅子（据原画绘）………… 46
       3. 传五代顾闳中绘《韩熙载夜宴图》中的椅子（据《人民画报》1954 年 3 月号绘）………… 46
       4. 河北钜鹿所出北宋椅子（据杨耀《中国明代室内装饰和家具》插图 6 绘）………… 46
       5. 金刘元绘《司马梲梦苏小图》中的椅子（据郑振铎等《韫辉斋藏唐宋以来名画集》图版 6 绘）………… 46
       6. 日本传藤原时代（晚唐—南宋）所绘《十六罗汉图》中的椅子（据东京美术学校《南都十大寺大镜》7 辑《法隆寺大镜纲封藏》篇三图版 18 绘）………… 46
       7. 日本传藤原时代（晚唐—南宋）藤原隆能绘《真如法亲王像》中的椅子（据《新修日本文化史大系》卷四《平安前期文化》322 页图绘）………… 46
二一　1. 第一号墓前室西壁壁画中砖砌脚床子侧面 ………… 46
       2. 传五代顾闳中绘《韩熙载夜宴图》中的脚床子（据《人民画报》1954 年 3 月号绘）………… 46

| | | |
|---|---|---|
| | 3. 传宋李公麟绘《高会习琴图》中的脚床子（据《故宫书画集》23期绘）………… 46 | |
| 二二 | 1. 第一号墓前室西壁壁画中砖砌桌及其侧面 ………… 47 | |
| | 2. 甘肃敦煌莫高窟85窟（晚唐）壁画中的木桌（据原画绘）………… 47 | |
| | 3、4. 传五代顾闳中绘《韩熙载夜宴图》中的木桌（据《人民画报》1954年3月号绘）………… 47 | |
| | 5. 宋人《消夏图》中的木桌（据北京故宫博物院绘画馆陈列之原画绘）………… 47 | |
| | 6. 河北钜鹿所出北宋木桌（据《中国明代室内装饰和家具》插图6绘）………… 47 | |
| | 7. 宋妇人斫鲙画砖（据北京大学考古教研室藏拓本绘）………… 47 |
| 二三 | 1. 第一号墓前室西壁壁画中砖砌注子 ………… 47 |
| | 2. 传唐胡瓌绘《卓歇图》中的金铜注子（据北京故宫博物院绘画馆陈列之原画绘）………… 47 |
| | 3. 宋白瓷注子（据《国华》707号绘）………… 47 |
| 二四 | 1. 第一号墓前室西壁壁画中所嵌的砖雕碗和托子 ………… 48 |
| | 2. 传唐阎立本绘《萧翼赚兰亭图》中的碗和漆托子（据《伟大的艺术传统图录》4辑图版7绘）………… 48 |
| | 3. 河南洛阳涧西第一一一号墓（宋熙宁五年贾氏墓）所出青瓷托子（据洛阳文物管理委员会周公庙陈列室陈列之原物绘）………… 48 |
| | 4. 内蒙古赤峰大营子第一号辽墓（辽应历九年卫国王墓）所出白瓷托子（据文化部文物管理局藏照片绘）………… 48 |
| | 5. 内蒙古赤峰大营子第一号辽墓（辽应历九年卫国王墓）所出银托子（据文化部文物管理局藏照片绘）………… 48 |
| | 6. 朝鲜高丽时代（北宋—元）的银碗和银托子（据《李王家博物馆所藏品写真帖》图197绘）………… 48 |
| | 7. 日本奈良法隆寺所藏铜托子（据《南都十大寺大镜》11辑《法隆寺大镜御物篇》三图版65绘）………… 48 |
| 二五 | 1. 第一号墓前室西壁壁画中男人所捧的唾壶 ………… 49 |
| | 2. 唐人《纨扇仕女图》中的唾壶（据《伟大的艺术传统图录》4辑图版10绘）………… 49 |
| | 3. 辽宁义县清河门第一号辽墓所出白瓷唾壶（据《考古学报》8期绘）………… 49 |
| | 4. 朝鲜高丽时代（北宋—元）青瓷唾壶（据《李王家博物馆所藏品写真帖》图460绘）………… 49 |
| | 5. 日本治安元年（北宋天禧五年）施入奈良正仓院的绀琉璃唾壶（据《东瀛珠光》3辑图136绘）………… 49 |
| | 6.《新刊全相秦并六国平话·始皇令王翦伐赵图》中捧唾壶的侍童（据影印元 |

|  |  |
|---|---|
|  | 刻本绘）………… 49 |
|  | 7. 山西大同卧虎沟第二号元墓壁画中捧唾壶的男人（据大同文物管理委员会藏照片绘）………… 49 |
|  | 8. 山西永济永乐宫元至正十八年《纯阳帝君神游显化之图》壁画中捧唾壶的侍女（据原画绘）………… 49 |
| 二六 | 1. 第一号墓前室西壁壁画中的高瓶和瓶座 ………… 49 |
|  | 2. 宋人《胆瓶秋卉图》中的胆瓶和瓶座（据北京故宫博物院绘画馆陈列之原画绘）………… 49 |
| 二七 | 1. 第一号墓前室西壁壁画中桌、椅下面的金银铤 ………… 50 |
|  | 2.《佛说寿生经》扉图中的金铤（据郑振铎《中国版画史图录·唐宋元版画集》影印宋刻本绘）………… 50 |
|  | 3.《佛国禅师文殊指南图赞》善财童子第十四、十五参附图中的银铤（据影印宋刻本绘）………… 50 |
|  | 4.《赵城藏》扉图（元补刻）中的金铤（据《中国版画史图录·唐宋元版画集》影印元刻本绘）………… 50 |
|  | 5.《营造法式》中的金银铤彩画（据陶湘刻本）………… 50 |
|  | 6. 传宋拓《淳化阁帖》银铤镮痕（据中华书局影印本绘）………… 50 |
|  | 7.《新刊全相平话乐毅图齐七国春秋·四国顺齐图》中的"金宝"（据影印元刻本绘）………… 50 |
|  | 8. 宋潭州清化县所铸银铤（据罗振玉《金泥石屑》卷上绘）………… 50 |
|  | 9. 山西大同南门所出元石莲座上的银铤文（据大同文物管理委员会所藏原物绘）………… 50 |
|  | 10. 宋白釉黑花镇宅大吉陶枕上的银铤（据陈万里《陶枕》图版17绘）………… 50 |
| 二八 | 1. 第一号墓前室北壁东侧壁画 ………… 51 |
|  | 2、3. 传唐胡瓌绘《番骑图》中的弓和弓袋（据北京故宫博物院绘画馆陈列之原画绘）………… 51 |
|  | 4. 传宋陈及之绘《便桥会盟图》中的箭靫（据北京故宫博物院绘画馆陈列之原画绘）………… 51 |
|  | 5.《武经总要·器图》中的箭（据《四库全书珍本初集》本绘）………… 51 |
|  | 6.《武经总要·器图》中的箭靫（据《四库全书珍本初集》本绘）………… 51 |
|  | 7.《武经总要·器图》中的弓袋（据《四库全书珍本初集》本绘）………… 51 |
|  | 8.《武经总要·器图》中的弓（据《四库全书珍本初集》本绘）………… 51 |
|  | 9. 内蒙古林东辽庆陵东陵壁画中的弓和弓袋（据田村实造等《庆陵》I插图71绘）………… 51 |

二九　1. 第一号墓前室北壁西部壁画 ………… 51

　　　2.《武经总要·器图》中的剑（据《四库全书珍本初集》本绘）………… 51

　　　3.《武经总要·器图》中的铁简（据《四库全书珍本初集》本绘）………… 51

　　　4.《武经总要·器图》中的梭枪（据《四库全书珍本初集》本绘）………… 51

三〇　1. 第一号墓过道两壁壁画中的流苏 ………… 52

　　　2. 日本大阪山中商会所藏宋墓壁画中的流苏（据《东西古匋金石展观》绘）………… 52

　　　3.《纂图增新·群书类要事林广记·丧祭器具之图》中帷幔四角的流苏（据北京大学图书馆藏元刻本绘）………… 52

三一　1. 第一号墓过道西壁窗下壁画中的线球 ………… 52

　　　2. 元人《揭钵图》中的线球玩具（据北京故宫博物院绘画馆陈列之原画绘）………… 52

三二　1. 第一号墓后室南壁壁画中的高几 ………… 53

　　　2. 宋徽宗赵佶绘《听琴图》中的高几（据《伟大的艺术传统图录》6辑图版7绘）………… 53

三三　1. 第一号墓后室东北壁壁画中的灯檠 ………… 53

　　　2. 河南郑州工人新村宋墓壁画中砖砌灯檠（据原物绘）………… 53

　　　3. 河南郑州柿园宋墓壁画中砖砌灯檠（据原物绘）………… 53

　　　4. 河南郑州南门外宋墓壁画中砖砌灯檠（据原物绘）………… 53

三四　1. 第一号墓后室西南壁壁画中的镜台 ………… 54

　　　2. 河南郑州南门外宋墓壁画中的砖砌镜台（据原物绘）………… 54

　　　3.《云笈七签》卷七十二所附镜台图（据影印明《正统道藏》本绘）………… 54

三五　第一号墓后室西南壁壁画中的杌 ………… 55

三六　第一号墓后室西南壁壁画中的曲足盆架 ………… 55

三七　1. 第一号墓后室西北壁壁画中的细腰剪刀、熨斗 ………… 55

　　　2. 河南郑州南门外宋墓墓室壁上的砖雕器物（衣架、细腰剪刀、尺、熨斗，据原物绘）………… 55

三八　1. 第一号墓后室北壁妇人启门装饰 ………… 56

　　　2. 第二号墓墓室北壁妇人启门装饰 ………… 56

　　　3. 陕西长安竹园村唐塔上的妇人启门装饰（据原物绘）………… 56

　　　4. 河北赵县宋景祐五年幢上的妇人启门装饰（据文化部文物管理局藏照片绘）………… 56

　　　5. 北京西山辽开泰九年澄赞上人舍利舌塔幢上的妇人启门装饰（据北京大学考古教研室藏拓本绘）………… 56

　　　6. 河南郑州柿园宋墓墓室后壁妇人启门装饰（据原物绘）………… 56

　　　7. 四川宜宾宋墓墓室后壁妇人启门装饰（据《中国营造学社汇刊》7卷1期

8. 四川南溪宋墓墓室后壁妇人启门装饰（据《中国营造学社汇刊》7卷1期绘）………… 56

9. 贵州遵义宋墓墓室后壁妇人启门装饰（据《文物参考资料》1955年9期绘）………… 56

10. 山西太原龙山昊天观4窟后壁的启门装饰（据文化部文物管理局藏照片绘）………… 56

11. 山西浑源圆觉寺金塔上的妇人启门装饰（据《雁北文物勘查团报告》114图绘）………… 56

12. 河北新城金大定九年时昌国石棺后壁的妇人启门装饰（据北京大学考古教研室藏拓本绘）………… 56

13. 朝鲜高丽时代（北宋—元）人物殿堂菱花镜背面的妇人启门装饰（据《李王家博物馆所藏品写真帖》图249绘）………… 56

三九 第一号墓墓门门额背面彩画（潘絜兹摹）………… 57

四〇 1. 第一号墓甬道顶叠胜彩画 ………… 57
2.《营造法式》中的罗纹叠胜（据陶湘刻本绘）………… 57

四一 1. 第一号墓前室南壁倚柱彩画 ………… 58
2.《营造法式》中的梭身合晕（据陶湘刻本绘）………… 58

四二 1. 第一号墓前室南壁彩画 ………… 59
2. 辽宁义县奉国寺辽开泰九年大雄殿内斗上彩画（据关野贞等《辽金时代の建筑と其佛像》图版上册19—21、26—27图绘）………… 59
3. 辽宁义县奉国寺辽开泰九年大雄殿内栱上彩画（据《辽金时代の建筑と其佛像》图版上册19—21、26—27图绘）………… 59
4. 内蒙古林东辽庆陵东陵内斗上彩画（据《庆陵》I插图39—40、101—103绘）………… 59
5. 内蒙古林东辽庆陵东陵内栱、枋上彩画（据《庆陵》I插图39—40、101—103绘）………… 59

四三 第一号墓前室东壁彩画 ………… 59

四四 1. 第一号墓后室西北壁上层小斗栱彩画 ………… 60
2.《营造法式》中的两晕棱间装（据陶湘刻本绘）………… 60
3. 清旋子雅伍墨彩画（一字枋心）（据北京文物整理委员会《中国建筑彩画图案》图版22 李良娱绘）………… 60

四五 1.《营造法式》中的五彩装饰地锦（据陶湘刻本绘）………… 74

| | | |
|---|---|---|
| | 2.《营造法式》中的解绿结华装（据陶湘刻本绘）………… 74 | |
| 四六 | 1. 第一号墓人骨在葬具中的位置 ………… 80 | |
| | 2. 北京大学所出辽金石棺平面 ………… 80 | |
| 四七 | 第一号墓所出的地券并盖（刘慧达绘）………… 81 | |
| 四八 | 第一号墓后室棺床下所出白瓷碗 ………… 82 | |
| 四九 | 第一号墓墓道的平坦部分西端所出白瓷碗 ………… 82 | |
| 五〇 | 第一号墓墓道的平坦部分北端所出白瓷碗碎片 ………… 82 | |
| 五一 | 第二号墓墓门外层封门砖的组织 ………… 88 | |
| 五二 | 1. 第二号墓墓门铺作（舒化章绘）………… 90 | |
| | 2. 日本奈良时代（唐）法隆寺西廊铺作（据饭田须贺斯《中国建筑の日本建筑に及ぼせる影响》图版 10∶3 绘）………… 90 | |
| | 3. 陕西长安唐总章二年玄奘塔铺作（据《中国营造学社汇刊》6卷4期绘）………… 90 | |
| | 4. 辽宁义县清河门第二号辽墓墓门铺作（据《考古学报》8 册绘）………… 90 | |
| 五三 | 第二号墓墓室转角铺作（舒化章绘）………… 91 | |
| 五四 | 1. 第二号墓甬道西壁壁画中送钱人所着的巾子 ………… 93 | |
| | 2. 陕西咸阳底张湾唐天宝三载墓所出男俑头部（据文化部文物管理局藏照片绘）………… 93 | |
| | 3. 河南郑州附近所出宋男俑头（据著者所藏原物绘）………… 93 | |
| 五五 | 1. 第二号墓甬道西壁壁画中的伞盖 ………… 94 | |
| | 2. 传唐胡瓌绘《卓歇图》中的伞盖（据北京故宫博物院绘画馆陈列之原画绘）………… 94 | |
| 五六 | 第二号墓墓室东南壁壁画中的碗、碗盖、托、盘 ………… 94 | |
| 五七 | 第二号墓墓室东南壁壁画中的桌、小橱、碗、托 ………… 94 | |
| 五八 | 1. 第二号墓墓室西南壁壁画中的注子和注碗 ………… 95 | |
| | 2. 传五代顾闳中绘《韩熙载夜宴图》中的注子和注碗（据《人民画报》1954 年 3 月号绘）………… 95 | |
| | 3. 朝鲜高丽时代（北宋—元）青瓷注子和注碗（据《李王家博物馆所藏品写真帖》图版 457 绘）………… 95 | |
| 五九 | 1. 第二号墓墓室西南壁壁画中叉手侍立的男人 ………… 96 | |
| | 2. 元张成剔红山水人物圆盒上叉手侍立的侍童（据《文物参考资料》1956 年 10 期绘）………… 96 | |
| | 3. 山西绛县裴家堡金墓壁画中叉手侍立的侍童（据《考古通讯》1955 年 4 期绘）………… 96 | |
| 六〇 | 1. 第二号墓墓室南壁普拍方、阑额彩画（叶浅予摹）………… 97 | |

2.《营造法式》中的云头角叶（据陶湘刻本绘）………… 97
六一　第二号墓墓室东南隅彩画 ………… 97
六二　第二号墓墓室东南壁上层栱眼壁彩画 ………… 97
六三　第二号墓墓室北壁阑额彩画 ………… 97
六四　第二号墓墓室西南隅铺作彩画 ………… 98
六五　第二号墓墓室西北壁砖砌窗右侧窗砧处所置的白釉瓷碗（刘慧达绘）………… 103
六六　第二号墓所出银耳环（刘慧达绘）………… 103
六七　1. 第三号墓墓门外层封门砖的组织 ………… 107
　　　2. 第三号墓墓门内层封门砖的组织 ………… 107
六八　第三号墓墓门铺作（舒化章绘）………… 110
六九　第三号墓墓室铺作（舒化章绘）………… 111
七〇　1. 第三号墓东南壁砖砌矮足柜 ………… 114
　　　2. 河南郑州二里岗宋墓砖砌矮足柜（据原物绘）………… 114
　　　3. 河南郑州柿园宋墓砖砌矮足柜（据原物绘）………… 114
　　　4. 晚唐三彩矮足柜（明器）（据北京大学考古教研室藏照片绘）………… 114
　　　5. 陕西西安王家坟唐墓所出三彩釉矮足柜（明器）（据《文物参考资料》1956年8期绘）………… 114
　　　6. 日本贞观时代（晚唐）唐柜（据《新修日本文化史大系》卷四《平安前期文化》249页图绘）………… 114
　　　7. 日本藤原时代（晚唐—南宋）唐柜（据前田泰次《日本の工艺》图52绘）………… 114
　　　8. 日本弘安三年（元至元十七年）造公验辛柜（据《东洋美术》特辑《正仓院の研究》15页图绘）………… 114
七一　第三号墓墓室西南壁壁画中砖砌桌 ………… 114
七二　第三号墓墓门正面彩画（杨之光摹）………… 115
七三　第三号墓墓室南壁彩画 ………… 115
七四　第三号墓墓室东南壁素方彩画 ………… 116
七五　第一、二、三号墓壁画中妇女发饰 ………… 124
七六　1. 第二号墓墓室东南壁壁画中的高足柜 ………… 125
　　　2. 河南郑州二里岗工人新村宋墓壁画中的砖砌桌（据原物绘）………… 125
　　　3. 河南郑州柿园宋墓壁画中的砖砌桌（据原物绘）………… 125
　　　4.《佛国禅师文殊指南图赞》中的桌（据影印宋刻本绘）………… 125
　　　5. 宋牟益绘《捣衣图》中的石桌（据北京故宫博物院影印本绘）………… 125
　　　6. 宋苏汉臣绘《戏婴图》中的桌（据《故宫书画集》39期绘）………… 125

　　　　7. 宋人《十八学士图》中的桌（据《故宫书画集》44 期绘）………… 125

七七　第一、二、三号墓彩画中的箍头部分 ………… 125

七八　唐张忠贤《葬录·茔地图》（据北京图书馆藏唐人卷子照片绘，图中指北针系据《葬录》所记墓田山门方向绘）………… 128

七九　《地理新书·角姓贯鱼葬图解》（据北京大学图书馆藏元刻本绘）………… 129

八〇　1.《地理新书·昭穆葬图》（据北京大学图书馆藏元刻本绘）………… 129
　　　　2. 宋妇人斫鲙画砖中的以条穿鱼之状（据北京大学考古教研室藏拓本绘）………… 129

八一　1. 山西大同云冈 15 窟（北魏）西壁佛帐（据小川晴旸《大同云冈の石窟》图版 111 绘）………… 140
　　　　2. 河南洛阳龙门宾阳洞（北魏）东壁维摩诘帐（据水野清一等《龙门石窟の研究》插图 18 绘）………… 140
　　　　3. 河南洛阳龙门 14 窟（北魏）右壁维摩诘帐（据《龙门石窟の研究》图版 45 绘）………… 140
　　　　4. 河南洛阳龙门魏字洞（北魏）右壁维摩诘帐（据《龙门石窟の研究》图版 52 绘）………… 140
　　　　5. 河北邯郸南响堂 5 窟（东魏）前壁佛帐（据水野清一等《响堂山石窟》图版 23A 绘）………… 140
　　　　6. 河北邯郸北响堂南洞（北齐）洞外佛帐（据《响堂山石窟》图版 49 绘）………… 140
　　　　7. 甘肃敦煌莫高窟 192 窟（晚唐）佛龛帐饰（据原画绘）………… 140
　　　　8. 甘肃敦煌莫高窟 18 窟（晚唐）佛龛帐饰（据原画绘）………… 140
　　　　9. 甘肃敦煌莫高窟 197 窟（中唐）佛龛帐饰（据原画绘）………… 140
　　　　10. 甘肃敦煌莫高窟 47 窟（晚唐）佛龛帐饰（据原画绘）………… 140
　　　　11.《营造法式·小木作制度·图样》中的佛道帐（据陶湘刻本）………… 140

八二　1. 河北易县开元寺毗卢殿藻井（据《中国营造学社汇刊》5 卷 4 期）………… 141
　　　　2.《营造法式》斗八藻井（据刘致平等《中国建筑设计参考图集》10 集《藻井》图版 1）………… 141
　　　　3.《营造法式》小斗八藻井（据《中国建筑设计参考图集》10 集《藻井》插图己）………… 141
　　　　4. 山西应县佛宫寺释迦木塔第一层藻井（据《中国建筑设计参考图集》10 集《藻井》图版 5 乙）………… 141

八三　1. 第一号墓前后室的砖床平面 ………… 143
　　　　2. 河南洛阳龙门擂鼓台北窟（唐）平面（据《龙门石窟の研究》插图 115 绘）………… 143
　　　　3. 山西五台南禅寺唐建中二年大殿平面（据《文物参考资料》1954 年 11 期绘）………… 143

　　　　4. 山西大同华严寺辽重熙七年教藏平面（据《中国营造学社汇刊》4卷3、4合期绘）………143
　　　　5. 甘肃敦煌莫高窟98窟（北宋）平面（据原物绘）………143
　　　　6. 甘肃敦煌莫高窟112窟（中唐）后壁佛龛（据原物绘）………143
　　　　7. 传五代顾闳中绘《韩熙载夜宴图》中的木床（据《人民画报》1954年3月号绘）………143
　　　　8. 宋仕女梅妆镜中的木床（据《艺林月刊》50期绘）………143
八四　1、2、3. 宋张择端绘《清明上河图》中的商店（据北京故宫博物院藏照片）………144
　　　4. 宋朱锐绘《盘车图》中的乡村小店（据《波士顿美术馆藏中国画帖》图版60绘）………144
八五　1. 宋张择端绘《清明上河图》中的二人对坐（据北京故宫博物院绘画馆陈列之原画绘）………145
　　　2. 宋人《文姬归汉图》中的二人对坐（据《波士顿美术馆藏中国画帖》图版65绘）………145

# 附插页目次

一　第一号墓墓室结构透视图（莫宗江绘）………25
二　第二号墓墓室结构透视图（轴测投影，刘慧达绘）………85
三　第三号墓墓室结构透视图（轴测投影，刘慧达绘）………105

# 图版目次

见正文页数

| | | |
|---|---|---|
| 壹 | 白沙附近图（舒化章绘）…… | 21 |
| 贰 | 白沙宋墓附近地形图（舒化章绘）…… | 21 |
| 叁 | Ⅰ 白沙水库的拦水坝和宋墓位置（彭华士摄）…… | 21 |
| | Ⅱ 白沙第一、二、三号宋墓的位置…… | 21 |
| 肆 | 第一号墓外部写生（杨之光绘）…… | 27 |
| 伍 | Ⅰ 第一号墓——从前向后…… | 28 |
| | Ⅱ 第一号墓——从后向前…… | 28 |
| 陆 | 第一号墓平面、仰视、立面、剖面图（余鸣谦、刘慧达测，舒化章绘）…… | 28 |
| 柒 | 第一号墓遗物分布图（刘慧达测，舒化章绘）…… | 28、35、39 |
| 捌 | Ⅰ 第一号墓墓门（彭华士摄）…… | 30、57 |
| | Ⅱ 第一号墓墓门后部、甬道东壁…… | 33 |
| 玖 | Ⅰ 第一号墓甬道顶（彭华士摄）…… | 33、57 |
| | Ⅱ 第一号墓南壁中间下部——前室入口…… | 33、57 |
| 拾 | Ⅰ 第一号墓前室南壁铺作…… | 33、58 |
| | Ⅱ 第一号墓前室东壁铺作（彭华士摄）…… | 33、58 |
| 拾壹 | 第一号墓前室西北隅铺作（原色版，彭华士摄）…… | 34 |
| 拾贰 | Ⅰ 第一号墓前室西南隅铺作…… | 33 |
| | Ⅱ 第一号墓前室西壁铺作（彭华士摄）…… | 33、58 |
| 拾叁 | Ⅰ 第一号墓前室东北隅和过道东壁铺作（彭华士摄）…… | 35 |
| | Ⅱ 第一号墓过道北壁铺作（塌毁）…… | 35 |
| 拾肆 | Ⅰ 第一号墓过道东壁…… | 35、52、60 |
| | Ⅱ 第一号墓过道北壁下部——后室入口…… | 37、60 |
| 拾伍 | 第一号墓前室、过道顶——丁字盝顶式宝盖（原色版，彭华士摄）…… | 35、37、58 |

| 拾陆 | Ⅰ 第一号墓后室南壁——后室入口背面 | 37、60 |
|---|---|---|
| | Ⅱ 第一号墓后室北壁铺作（彭华士摄） | 37、60 |
| 拾柒 | Ⅰ 第一号墓后室西南、西北壁铺作 | 37、60 |
| | Ⅱ 第一号墓后室东南、东北隅铺作上面的小铺作 | 37、38、60 |
| 拾捌 | Ⅰ 第一号墓后室西北壁铺作上面的小铺作 | 38、60 |
| | Ⅱ 第一号墓后室顶 | 39、60 |
| 拾玖 | Ⅰ 第一号墓甬道西壁壁画（彭华士摄） | 42 |
| | Ⅱ 第一号墓甬道东壁壁画（彭华士摄） | 42 |
| 贰拾 | 第一号墓前室南壁壁画 | 44 |
| 贰壹 | Ⅰ 第一号墓前室南壁东部壁画（彭华士摄） | 42 |
| | Ⅱ 第一号墓前室南壁西部壁画（彭华士摄） | 44 |
| 贰贰 | 第一号墓前室东壁壁画（原色版，彭华士摄） | 45 |
| 贰叁 | 第一号墓前室西壁壁画（原色版，彭华士摄） | 49 |
| 贰肆 | Ⅰ 第一号墓前室北壁西部 | 51、58 |
| | Ⅱ 第一号墓前室北壁东部 | 51、58 |
| 贰伍 | Ⅰ 第一号墓过道东壁下部壁画和纪年题记（彭华士摄） | 52 |
| | Ⅱ 第一号墓过道西壁下部壁画（潘絜兹摹） | 52 |
| | Ⅲ 第一号墓后室西北壁下部壁画（刘凌沧摹） | 55 |
| 贰陆 | Ⅰ 第一号墓后室东南壁壁画 | 53 |
| | Ⅱ 第一号墓后室东南壁壁画细部 | 53 |
| 贰柒 | Ⅰ 第一号墓后室东北壁 | 53 |
| | Ⅱ 第一号墓后室西北壁 | 55 |
| 贰捌 | 第一号墓后室西南壁壁画（原色版，彭华士摄） | 54 |
| 贰玖 | 第一号墓后室北壁（原色版，彭华士摄） | 55 |
| 叁拾 | Ⅰ 第一号墓后室北壁下部 | 55 |
| | Ⅱ 第一号墓后室北壁假门外的妇女雕像 | 55 |
| 叁壹 | Ⅰ 第一号墓后室北壁下部和地券人骨 | 80、81 |
| | Ⅱ 人骨和部分铁钉 | 80 |
| | Ⅲ 地券 | 81 |
| 叁贰 | Ⅰ 第二号墓——从前向后 | 88 |
| | Ⅱ 第二号墓右侧面 | 88 |
| 叁叁 | 第二号墓平面、仰视、立面、剖面图（余鸣谦、刘慧达测，舒化章绘） | 88 |
| 叁肆 | 第二号墓遗物分布图（刘慧达测，舒化章绘） | 88、92 |
| 叁伍 | Ⅰ 第二号墓正面 | 89 |

|    |    |    |    |
|---|---|---|---|
| | | Ⅱ 第二号墓墓门和封门砖 …………………………………………… | 89 |
| 叁陆 | Ⅰ 第二号墓墓室南、西南壁铺作 ……………………………………… | | 91 |
| | Ⅱ 第二号墓墓室顶 …………………………………………………… | | 92 |
| 叁柒 | Ⅰ 第二号墓甬道西壁壁画（叶浅予摹） ……………………………… | | 94 |
| | Ⅱ 第二号墓甬道东壁壁画（叶浅予摹） ……………………………… | | 93 |
| 叁捌 | Ⅰ、Ⅱ 第二号墓墓室东南壁壁画（原色版，彭华士摄） ……………… | | 95 |
| 叁玖 | 第二号墓墓室西南壁壁画（原色版，彭华士摄） …………………… | | 96 |
| 肆拾 | 第二号墓墓室南壁壁画（原色版，彭华士摄） ……………………… | | 96 |
| 肆壹 | Ⅰ 第二号墓西北壁 ………………………………………………… | | 92、97 |
| | Ⅱ 第二号墓西北壁左窗砧处的白瓷小碗 …………………………… | | 102 |
| 肆贰 | 第二号墓墓室北壁（彭华士摄） …………………………………… | | 96 |
| 肆叁 | Ⅰ 第二号墓墓室砖床上的二具人骨 ………………………………… | | 102 |
| | Ⅱ 人骨头部和银钗、银耳环 ………………………………………… | | 98、102 |
| | Ⅲ 人骨腹部和钱贯 ………………………………………………… | | 102 |
| 肆肆 | 第三号墓平面、仰视、立面、剖面图（刘慧达测绘） ……………… | | 108 |
| 肆伍 | 第三号墓遗物分布图（刘慧达测，舒化章绘） ……………………… | | 108 |
| 肆陆 | Ⅰ 第三号墓西面 …………………………………………………… | | 107、108 |
| | Ⅱ 第三号墓墓门上部 ……………………………………………… | | 107、108、109 |
| 肆柒 | Ⅰ 第三号墓甬道东壁壁画（董希文摹） ……………………………… | | 113 |
| | Ⅱ 第三号墓甬道西壁壁画（董希文摹） ……………………………… | | 113 |
| 肆捌 | 第三号墓南壁上部（原色版，彭华士摄） …………………………… | | 111、115 |
| 肆玖 | Ⅰ 第三号墓墓室西南壁壁画 ………………………………………… | | 114 |
| | Ⅱ 第三号墓墓室东南壁下部 ………………………………………… | | 113 |
| 伍拾 | Ⅰ 第三号墓墓室砖床上的二具人骨 ………………………………… | | 118 |
| | Ⅱ 人骨头部 ………………………………………………………… | | 118 |
| | Ⅲ 人骨足部 ………………………………………………………… | | 118 |

# 绪 言

**白沙发掘工作的缘起** 淮河原是一条千疮百孔的河流。1938年，当时的反动政府扒开花园口的黄河河堤后，河水入淮，黄泛期间，淮河本支各流即为黄河带来的泥沙所淤塞，因而造成连年的泛滥。1950年7月，淮河流域又遭到了空前的巨大灾患。是年冬，在毛主席"一定要把淮河修好"的指示下，发动了广大群众，开始了大规模的根治淮河工作[1]。

颍水是淮河支流中源远流长的一支，也是淮河泛滥中为害最大的一支。因此，在第一年度的治淮工程中，就开始了位在颍水上游具有蓄洪量一亿六千万立方米的白沙水库修建工程。

1951年秋到1952年秋，是修建白沙水库工程最紧张的阶段，我们考古工作者也在这时期从开封、武汉、北京赶到这里，积极地配合土方工程，发掘水库区域内的古遗址和古墓葬。在这一段时间里，先后共发掘了自石器时代至战国时期的遗址数十处和自战国至宋、明的墓葬三百余座。参加发掘的单位有河南省文物保管委员会白沙工作队[2]、中国科学院考古研究所白沙发掘队[3]和我们这支由中央文化部文物管理局所组织的工作队。

**工作队的组成** 我们工作队无论是就时间分或就工作性质分，都可划为前后两期。前期工作是发掘工作，时间是从1951年12月18日开始至1952年1月18日结束的[4]。这支队伍由当时中央文化部文物管理局第二处处长裴文中先生任队长，参加工作队的有文物管理局第四处谢元璐先生、前中南文化部郑海沄同志、北京历史博物馆赵俊峰同志和北京大学文科研究所古器物整理室宿白、刘慧达等同志。临启程时，裴文中队长另有任务，不能同行，队务由谢元璐先生负责。我们队伍的另一部分，即临摹壁画和拍摄彩色照片的同志们是随后赶到的。这部分同志中有中央美术学院的叶浅予先生、董希文先生、刘凌沧先生、林岗、杨之光两同志及北京历史博物馆的潘絜兹先生、人民画报社的彭华士先生等。后期工作从1952年3月到6月，是拆除年前所发掘的第一、二号宋墓，并妥为装箱运到北京和武汉，准备以后在此二地复原。这期工作是由古代建筑修整所工程师余鸣谦先生负责的。

**报告的编写**　本报告只是我们前期宋墓发掘工作的报告。白沙归来，忙于学习和教学，直到1953年冬，才抽出一些零星时间来整理这次发掘的各种记录。1954年2月，第一号、第二号、第三号宋墓的发掘报告大致写就，即本报告的正文部分[5]。3月，完成绪言和正文后所附的"与三墓有关的几个问题"。文中的大部分插图和附注，原是整理记录以前所搜集的有关参考材料，本来不拟附入，后因考虑这些材料虽然零碎，毕竟还可帮助说明许多问题，所以自3月以后，即陆续逐条清理并核对来源，5月末，始脱全部初稿。

在这次发掘过程中，河南省治淮总指挥部当局和白沙水库指挥所的魏维良同志，河南省文物保管委员会的赵全嘏先生、韩维周先生、蒋若是同志等均热情协助。编写报告时，余鸣谦工程师借与拆除第一号、第二号宋墓时所绘的实测图，并允许参考。报告付印前，清华大学建筑系莫宗江教授代为绘制第一号宋墓的透视图，中央文化部文物管理局陈明达、罗哲文两工程师对全部结构图进行仔细校对，并协助修正。谨向他们致谢。

**白沙地理和白沙宋墓的位置**　绵亘在河南省西部的秦岭山脉向东延长最远的一支是属于熊耳山的嵩山。淮河大支流之一的颍水即发源于嵩山高坡登封县境内的阳乾山[6]。颍水从登封县东南流约三十公里，进入了白沙岭北的一片谷地。谷地西北两面是山岳连绵、群峰耸立的地带，东面和南面为自南而北的逍遥岭和自北而南矗立在黑龙潭北的悬崖所包围。这样，这片谷地就被囊括在群山当中。颍水在这里蜿蜒如带，先被阻于逍遥岭，折而东行，又被隔于黑龙潭北的悬崖，然后转向东南，流出谷口。白沙镇即扼谷口外面右侧。颍水自此再东南流，逐渐进入华北大平原的南部，流入平原最先经过的大站，即是禹县县城，县城西北距离白沙镇三十公里，白沙地区现为其所属（图版壹）。

白沙镇北那片谷地的总面积约有数十平方公里，其中包括了四十多个大小不同的村庄和六千多亩耕地。白沙所发现的主要墓群——颍东墓区、颍北墓区，就在这谷地东端偏北的耕地中[7]。这里所报告的三座宋墓在颍东墓区的中部偏北，三面环山，前临颍水，正是当时"地理家"所谓的上吉之地（图版贰、叁）[8]。

**白沙的历史和宋代的白沙** 白沙当洛阳至许昌的大道，扼颍水流进平原的谷口，所以很早以来就成为交通要冲。春秋时，其地属郑国阳城。战国时，阳城入于韩[9]。秦汉其地属颍川郡阳城县[10]。汉代于阳城置铁官，铁矿即分布在现在白沙镇附近，这与当时以及以后白沙地区的繁荣和白沙汉墓群的存在不无关系[11]。北魏其地入阳城郡康城县[12]，隋废康城入阳城，属河南郡[13]。唐复设康城，不久又并入阳城，后又更名阳邑[14]。五代周省阳邑入登封[15]。北宋属西京登封县，其地为天中乡崛山村[16]。宋以后改属钧州[17]。明末改钧州为禹州[18]。

北宋时代手工业日益发展，商业也比以前更加发达，洛阳是当时的西京，许昌当时称为颍昌府，是东、西两京南面的军事重镇，因此处在这条交通要路上的白沙就比以前更为繁荣。加上白沙自汉以来即为产铁地区[19]，当时周围又新兴起许多瓷窑工业，如汝窑在它西南约二十公里[20]，扒村在它东南约十公里，神垕镇、野猪沟在它正南约十五公里[21]，神前镇在它西北。这些瓷窑工业的兴起和兴盛，当然又给附近地区创造了更为繁荣的条件。因此，白沙镇北那片谷地内虽然分布着自石器时代以来的遗迹，但其中最为重要的却是宋墓，并非偶然的事了。

**注释**

[1]　参看治淮委员会治淮大事记（《治淮汇刊》1辑）。

〔2〕 河南省文物保管委员会白沙工作队的报告尚未付印。

〔3〕 中国科学院考古研究所白沙发掘报告正在整理,已发表的有陈公柔《河南禹县白沙的战国墓葬》(《考古学报》7册),陈公柔《白沙唐墓简报》(《考古通讯》创刊号)。

〔4〕 我们负责发掘的除此三墓外,尚有颍东、沙东地区的一小部分汉墓。关于汉墓的材料现正在整理中。沿途所见的古建筑杂记——《从许昌到白沙》,已刊《文物参考资料》1956年4期,并见本书附录。

〔5〕 三墓所出的人骨和随葬品,出土后即由河南省文物保管委员会保存,迄今尚未寄来,因此关于这部分的报告,完全根据记录材料,并未重新核对实物。

〔6〕 《水经注》(《四部丛刊》影印武英殿聚珍版本)卷二十二《颍水》:"今颍水有三源:……右水出阳乾山之颍谷……中水导源少室通阜……左水出少室南溪,东合颍水。"清嘉庆间州人孙九同曾亲自踏查颍源,著《颍水源考》云:"源有三:颍水出登封西阳乾山颍谷,是为右颍,按阳乾即大䔉山,颍源在山南分水岭东,地名水神头,有纯孝伯祠,是为颍谷。颍水东流有翟峪水注之,此水亦出阳乾为右颍别源。右颍东流,中颍水东南流注之。按中颍今后河水,本名澦澳村水,出少室通阜当阳山,亦有二源,一为月湾水,一为后河北水,合流至大金店入颍,又东左涺水,今顾家河东南流注之。"(道光《禹州志》卷七《山川志》附录)。

〔7〕 参看淮河流域水库查勘队《颍河上游水库查勘报告》(《治淮汇刊》1辑)。

〔8〕 王洙等《地理新书》卷二《地形吉凶》条:"后有走马岗,前有饮马塘,冈阜形势,小顿大起,延连百里不断者,为上吉。……白虎缘山,青龙入泉,朱雀鼓翼,真武登天,大吉。"此书系北宋仁宗时王洙等奉敕撰,是当时的地理官书。金代刻书中心平阳曾屡次增补重刻,元代又据金明昌间张谦刻本复刻,元以后无刻本,遂渐不传。按此书金、元间屡经重刻,可以说明它在当时的流行情况和影响,从而推测它对研讨宋元墓葬必具有一定的参考价值。事实上,本文后面探讨三墓的关系时,主要即依据此书而获得初步解决。唯宋金诸刻久佚,此所据系北京大学图书馆所藏木犀轩李氏旧藏元复金本。

〔9〕 《史记》(《百衲本二十四史》本,以下所引《二十四史》皆用此本,不具注)卷四十五《韩世家》:"文侯二年伐郑,取阳城。"

〔10〕 《汉书》卷二十八《地理志》上:"颍川郡,秦置。……阳城……阳乾山颍水所出。"

〔11〕 《汉书》卷二十八《地理志》上:"颍川郡阳城,有铁官。"《续汉书郡国志》:"颍川郡阳城,有铁。"顺治《禹州志》卷二《山川》:"铁母山,郡西北六十里。出铁矿,今废。"乾隆《禹州志》卷一《山川》除记铁母山一条外,尚记有:"矿山,郡西北六十里,出铁矿,今废。"禹州西北六十里当去白沙不远。1932年,实业部地质调查所孙健初曾去禹县一带调查矿藏,因悉产铁之地在白沙东北十余里王家沟和西南十里滴水台(孙健初《河南禹县密人煤田地质》,《地质汇报》24卷)。又康熙《登封县志》卷九《物产志》:"铁,《山海经》曰,少室之山,其下为铁,《汉书》曰,阳城有铁官。今出马峪水峪。"按马峪口村位白沙西南三里。总之汉阳城铁官之铁矿,当在白沙镇附近(参看〔19〕)。

〔12〕 魏书卷一百六《地形志》二:"阳城郡,孝昌二年(公元526)置,领县三……康城,

孝昌中分阳城置，有阳城关、箕山、许由隐窟、刑山（按刑为荆之讹，参看〔13〕）、郑子产庙。"

〔13〕《隋书》卷三十《地理志》中："河南郡阳城，后魏置康城县，仁寿四年（公元604）废入焉。有箕山、偃月山、荆山、禹山、崷山。"

〔14〕《新唐书》卷三十八《地理志》一："河南府阳城，畿，武德四年（公元621），王世充伪令王雄来降，以阳城、嵩阳、阳翟置嵩州，又析三县地置康城县。贞观三年（公元629）州废，省康城。万岁登封元年（公元696），将封嵩山，改阳城曰告成。神龙元年（公元705），复故名，二年（公元706）复为告成。天祐二年（公元906）更名阳邑。"

〔15〕《大明清类天文分野之书》（北京大学图书馆藏明刻本）卷十七周分野河南府："（阳邑）五代周显德五年（公元958）省入登封。"

〔16〕白沙颍东第一五四号墓所出《宋故河南路君（路适）墓志》云："（适子）平、诜将以政和四年（公元1114）七月二十九日卜葬于登封县天中乡下曲之阜。"颍东第一五八号墓所出地券也记："维大宋宣和六年（公元1124）西京登封县天中乡崛中村祭掌高通奉为故亡祖父高怀宝……现在浅土，载谋迁座……宜于当乡本村赵□地内安葬……"（以上两墓系河南省文物保管委员会白沙工作队所发掘，报告尚未付印。第一五八号墓所出地券，系承王仲殊同志抄示）。

〔17〕嘉靖《钧州志》（宁波天一阁图书馆藏明抄本）卷一《疆域》："西至白沙六十里，为登封县界。"同书卷一《都里》："白沙里去州西六十里。"隆庆《登封县志》（北京图书馆藏明刻本）卷一《疆域》："东南至钧州一百二十里，界六十里。"此界六十里即抵禹州白沙。顺治《登封县志》卷一《舆地》："东南抵禹州白沙界六十里，至（禹）州一百二十里。"由此可知白沙改属钧州当在明嘉隆以前。顺治《禹州志》卷九《庙宇》："西兴国寺，州西北白沙里，明嘉靖知州刘魁改置白沙书院。"按刘魁知州事在嘉靖七年、十四年之间（公元1528—1535），见同书卷六《秩官》。据此，白沙属钧州当又在嘉靖十四年以前。道光《禹州志》卷二十《列传》："李经世字孟常号函子，先世居洪洞，明初迁州西白沙镇。"顺治《禹州志》卷八《人物》："刘闻政禹州人，提举白沙镇铁冶，大学士它之祖也，野克野烈木儿彻带部人，始河南破，见阳翟地可居，遂买田筑室，以子钞儿赤贵，追封夷山侯。"此二段记载虽对白沙改属钧州问题不能积极证明其时代，但它却是文献中把白沙和钧州联系在一起的最早记录。又按宋河南府地，自南宋初为金人侵据后，州县隶属问题变动甚大，马端临《文献通考》（图书集成局排印本）卷三百二十《舆地考》六记其事："河南府……建炎后没于金，绍兴间讲和，归我河南地……既而金复取河南，金改永安为芝田县，以密县属郑州，永宁县为嵩州，改寿安县为宜阳县，伊阳县为嵩州、清河县为孟津县，又升龙开、小水、福昌三镇并为县。"同书卷又记新设钧州事："郑州……建炎二年（公元1128）没于金，金隶河南路，又以颍昌府阳翟县为州，割新郑隶之……。许州……建炎二年没于金，四年（公元1130）收复，未几复失。金隶河南路，又以阳翟为颍顺军，后为钧州，隶河南路，以郑州、新郑来隶。"此事亦见《金史》卷二十五《地理志》六："钧州、中、刺史，旧阳翟县，伪齐升为颍顺军，大定二十二年（公元1182）升

为州；仍名颍顺，二十四年（公元1184）更今名。"既割今禹县西北邻县密县隶郑州，寻又升阳翟县为钧州，并扩大其属地，划郑州等地来隶，因疑白沙从登封改属禹县，或始于此。

[18]《明史》卷四十二《地理志》三："开封府禹州，元曰钧州……万历三年（公元1575）四月避讳改曰禹州。"

[19] 元时白沙镇设铁冶，前引顺治《禹州志》卷八所记刘闻政提举白沙镇铁冶可证。元多因宋制，因疑北宋白沙之盛，亦当与铁矿有关。又[11]所述汉阳城铁官之铁矿去白沙不远，此元铁冶一事可资旁证。此铁矿明初或尚存在，《大明一统志》（北京大学图书馆藏明天顺刻本）卷二十九《开封府》："瓷器、铁，俱钧州出。"但至清初所修之《禹州志》，已无产铁记录，因疑白沙铁矿之废当在明初以后。

[20] 参看陈万里《汝窑的我见》(《文物参考资料》2卷2期)。

[21] 参看陈万里《禹州之行》(《文物参考资料》2卷2期)。

# 第一号墓

[颍东第一一九号墓]

第一号墓墓室结构透视图

# 发掘经过

**墓的发现** 1951年11月间,修筑白沙水库的民工们在颍东墓区北部取土,掘到当时地面下1米左右发现一砖建墓顶,揭开封顶砖,发现墓内四壁满施彩画。河南省文物保管委员会白沙工作队闻讯即会同工地当局将墓顶用原封顶砖封好,并用浮土掩盖。同时,工地当局即决定暂停此墓附近的取土工作。

**开始发掘——寻找墓的范围和拆除砖墓外的土洞顶** 12月19日下午,开始发掘工作。沿已发现的砖建墓顶前后取土,在顶南约3.8米处又发现一砖建墓顶。二墓顶四周都是生土,生土随顶的弧度向外敞开,生土与砖顶之间,留有9—10厘米的空隙。20日上午,在二砖顶之间发现平砌的砖建过道顶,于是明确该二砖顶即是墓的前后两室顶。墓顶四周取土工作告竣,露出垂直的砖砌墓壁,四周的生土也沿墓壁垂直切下,其间空隙一如墓顶。至此,我们才恍然了解这座砖室墓原和此地汉代砖室墓同样是建造在土洞之内的。是日下午,在二砖顶之南又发现砖砌墓门顶。这样,墓的整个轮廓,遂全部清楚。

**清理墓门前和墓道** 21日,沿墓门顶向下清除填土。发现自门脊起,正面即满绘彩画(插图一),但全部为填土所掩,清理颇感困难。随掘随清,至晚仅掘出砖砌的撩风樗以上部分。22日,陆续掘出砖砌的斗、栱和方、额,以及其下两侧倚柱的上部。在填土中发现白釉灰胎瓷片二件和绿釉红胎陶片一件。23日,继续向下挖掘,发现了封门砖,并在北距墓门1.8米处发现墓道两壁。24日,墓门前清理到生土,然后沿墓门两侧向南清理墓道(图版肆)。在墓道左侧发现白瓷碗碎片一列,右侧发现口缘略残的白瓷碗一个(插图二)。北距墓门1.85米

插图一　发现第一号墓墓门顶时的情况*

插图二　第一号墓墓道底平坦部分和白瓷片分布的情况

插图三　第一号墓墓门外层封门砖的组织

处墓道开始向上起阶梯。25日，墓道填土全部掘出，现存阶梯十一级。

**启封门砖、清理墓室、支撑过道北壁上部**　24日，墓门掘出后，一方面清理墓道，一方面启封门砖。封门砖共三层，都嵌砌在墓门内，外层用横砖和菱角牙子相混砌起（插图三）；中层全部用横砖；内层全部用卧丁砖。墓室大部尚完整，只过道北壁上部略有崩毁。崩毁的砖块即散布在过道的地面上。其间杂有厚5—7毫米的铁片。这种铁片也有的粘在崩毁的残砖上。墓内淤土甚薄，厚不过1厘米。但在后室中部淤土上积有高1.5米的浮土，当是11月间民工们发现墓顶揭开封顶砖时所坠落的。墓内结构一如墓门正面。全部用砖砌成木建筑的形式，其上并全部涂白土，施彩绘，颜色尚新艳。在过道东壁下方发现有元符二年纪年的题记一行。25日，清除墓内淤土，在前室西南隅发现陶瓦残片二块。为防止过道北壁上部继续崩毁，于其下装设立柱二根，柱上并架过梁一道。26日，清除后室浮土，发现人骨、铁钉、残铁器、已碎的白瓷碗和倒置的砖制地券并券盖。27日，墓室全部清完。在后室砖床下发现"绍圣元宝"铜钱一枚（图版伍、陆、柒）。

**清理墓外、支撑墓门上檐**　为了了解墓的结构，将墓室外面四周约1米宽的生土全部掘出。在清理墓门背面的生土时，发现墓门上檐稍向南倾，因用杉篙、粗绳、铁丝等将上檐和前室室顶联结在一起，以防不虞。

---

\* 插图拍摄者、绘制者、参考来源等信息详见插图目次。——编注

**照像、测绘、包扎出土物** 28日，墓内装好煤气灯，开始照像和测绘。29日，出土物编目、包扎。1952年1月3日，开始临摹壁画和拍摄全墓的照像记录。8日，测绘第一号墓附近地形。10日，临摹工作完毕。11日，会同河南省文物保管委员会白沙工作队将第一号墓装好木门。第一号墓发掘工作至此遂全部结束。

# 墓的构造

**方向** 墓南北向，北偏东15度。

**墓道** 现存长5.75米，可分阶梯和墓门前的平坦部分两部。

〔阶梯〕现存十一级，共长3.8米，每级高自22—32厘米不等。阶梯宽度愈上愈窄，现存最上级宽96厘米，最下级宽1.34米。

〔墓门前的平坦部分〕在最下级阶梯之北，长1.93米。南端与阶梯最下级同宽，北端宽2.12米。

**土洞** 自墓道北端向北为土洞。土洞面积较墓门和墓室略高，也略宽，它与墓门、墓室之间除底部外各面都留有空隙，空隙的宽度约8—11厘米不等。甬道和过道顶上的空隙较高，空隙处一般未特意填塞[22]。

**墓室** 砌在土洞内，全部砖建，并摹仿木建筑。所有砖块大小略同，长31厘米，宽14.5厘米，厚4.6厘米。墓室通长7.26米，可分墓门、甬道、前室、过道和后室五部（插页一）。

〔墓门〕通高3.68米，正面是摹仿木建筑的门楼，下部叠砖四层作门基，基上两侧砌四方抹角倚柱，柱上砌阑额，阑额两端砌在倚柱的柱头内。倚柱、阑额之内砌出上额、槫柱两层和门额、立颊，门额正面砌出两枚方形门簪，门簪面部浮雕四瓣蒂形。立颊下面各砌门砧一枚。倚柱柱头砌普拍方，方的两端垂直截去，未加雕饰。方上有砖砌柱头铺作二朵、补间铺作一朵，都是单抄单昂重栱五铺作（图版捌：I；插图四），但因叠砖不便外伸，所以全部铺作都出跳甚短。因此，本为偷心造的第一跳华栱，除了上受第二跳昂之外，还承托了柱头方。柱头方雕作连隐慢栱，其上砌散斗，上承第二层柱头方。第二跳昂之上出

墓的构造　31

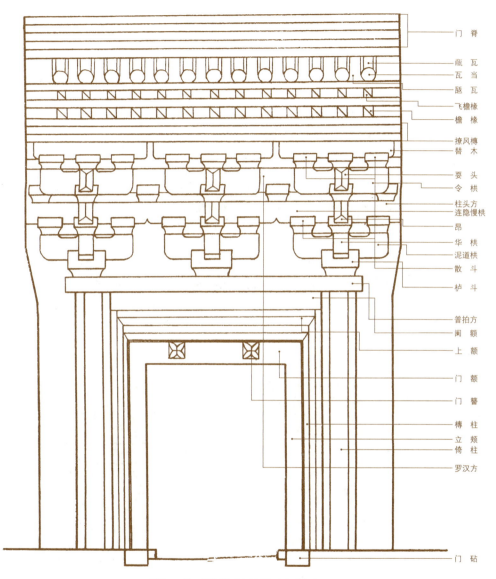

插图四　第一号墓墓门复原及墓门各部分名称图

耍头和令栱以承替木，替木上砌断面作四方抹角的撩风槫。全部铺作：材高15厘米，栔高5.2厘米[23]，其详细尺寸、形式列表如下[24]：

|  | 上宽 | 下宽 | 耳高 | 平高 | 欹高 | 总高 | 附注 |
|---|---|---|---|---|---|---|---|
| 栌斗（厘米） | 23.5 | 20 | 5 | 5 | 5 | 15 | 斗欹无内𩪧 |
| 散斗（厘米） | 16 | 12 | 4.5 | 1.5 | 4 | 10 | 斗欹内𩪧。交互斗、齐心斗略同 |

|  | 泥道栱 | 隐出泥道慢栱 | 令栱 | 替木 | 昂 | 耍头 | 第一跳出跳 | 第二跳出跳 |
|---|---|---|---|---|---|---|---|---|
| 长（厘米） | 65 | 80 | 55 | 76.5 | 22 | 16 | 13 | 6 |
| 附注 | 栱端卷杀[25] | 栱端卷杀 | 栱端卷杀[26] | 替木两端卷杀 | 琴面[27] | 蚂蚱头 |  |  |

铺作之间，砌栱眼壁，撩风槫上砌出断面方形的檐椽和飞檐椽。飞檐椽之上列砖制的瓿瓦、瓯瓦共十三陇。瓦下端并附雕素面圆瓦当。瓿瓦、瓯瓦上端叠涩五层横砖作门脊，是为墓门的最上部。

墓门背面上部自脊以下贴砌横砖，垂直砌下，直至甬道顶，未加任何雕饰。

〔甬道〕墓门后接甬道。甬道内部长1.26米，宽91厘米，自砖地面

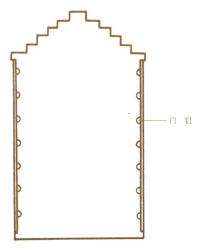

插图五　第一号墓甬道横剖面

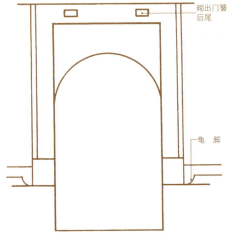

插图六　第一号墓前室南壁下部

至顶高1.5米。甬道砖地的北部（即和前室入口相接处）低下二层砖。甬道东西二壁各砌出高1.17米、宽52厘米、厚2厘米的版门一扇，版门面各砌门钉七排，排五钉，并雕出门环一具（图版捌：Ⅱ）。版门下缘距甬道砖地面留有4.5厘米长之空间，此空间似与甬道东西二壁最前方的下部各砌长31厘米、宽6厘米、厚4.6厘米之条砖一块相应[28]。版门以上自东、西、南三面用横砖叠涩内收作顶（图版玖：Ⅰ；插图五）。

甬道外部两壁即内部壁砖的后尾。顶部则在叠涩砖顶两侧用横砖砌平。

〔前室〕甬道后砌券门，即前室入口（图版玖：Ⅱ）。前室长1.84米，宽2.28米，自砖地面至顶高3.85米。入口内为一长48厘米、宽57厘米的扁方形砖地面，围此扁方形砖地面砌起高3.7厘米的第一层砖床。此砖床一直北延，经过道至后室，砖床的外缘（即南缘）砌成叠涩座式[29]。前室的四壁内部都是在第一层砖床上砌地栿，地栿两端下部雕龟脚。地栿上转角处砌覆盆柱础和四方抹角倚柱。东、西两壁又在倚柱内侧砌槏柱。倚柱上砌阑额。南壁阑额正中部分影作门额。额面砌出砖制的扁方形门簪后尾二枚，以与墓门正面的门簪相应（插图六）。阑额、倚柱或槏柱之间砌壁面，绘壁画。阑额上砌普拍方。方上转角处砌转角铺作（图版拾贰：Ⅰ），两转角之间砌补间铺作。铺作之间砌栱眼壁。补间铺作，南壁二朵（图版拾：Ⅰ），东、西壁各一朵（图版拾：Ⅱ、拾贰：Ⅱ）。转角、补间皆单昂四铺作计心造（插图七），其细部手法除栔略高为5.8厘米[30]、昂下斫出华头子和无连隐慢栱替木外，余与墓门铺作同。其补间铺作详细尺寸如下表：

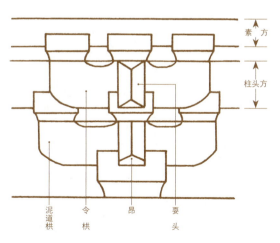

插图七　第一号墓前室补间铺作

|  | 上宽 | 下宽 | 耳高 | 平高 | 欹高 | 总高 | 附注 |
|---|---|---|---|---|---|---|---|
| 栌斗（厘米） | 25 | 21 | 5.5 | 5.2 | 5.5 | 16.2 | 部分栌斗欹内颛 |
| 散斗（厘米） | 15.5 | 13 | 4.5 | 1.5 | 3.5 | 9.5 | 斗欹内颛。交互斗、齐心斗略同 |

|  | 泥道栱 | 令栱 | 昂 | 耍头 | 第一跳出跳 |
|---|---|---|---|---|---|
| 长（厘米） | 73.3 | 58 | 28 | 18.5 | 11 |
| 附注 | 栱端卷杀 | 栱端卷杀 | 琴面昂下斫出华头子 | 蚂蚱头 |  |

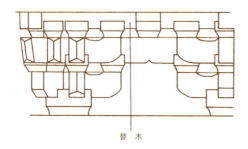

替木

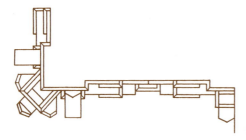

插图八 第一号墓前室、过道间转角铺作

北壁正中和过道相接处的转角铺作系内转角，为全墓最繁杂的铺作，其组织：栌斗口衔正侧面泥道栱、正侧面昂和角缝的角昂，正面泥道栱上砌柱头方，侧面柱头方则雕作连隐慢栱，正面昂上砌令栱。令栱外端与角昂上的耍头相交，并伸至侧面，磨解作耍头样，侧面昂上也砌出令栱。此令栱外端，伸至正面与正面的令栱伸至侧面的作法相同（图版拾壹；插图八）。全部铺作之上砌断面作长方形和四方抹角的素方各一层，以承砖砌之室顶。室顶内部与室平面相应作扁方形宝盖式盝顶藻井。四壁上层——即断面作四方抹角素方之上，砌出略向内收的山花帐头，其组织：下砌混肚方、仰阳版，版上安山花蕉叶，山花蕉叶之上为内收四层的盝顶式的宝盖。最上层砌作宝盖下的垂旒，最上层砌成扁方形的盖心。宝盖藻井的北坡中间和过道顶相连（图版拾伍）。

前室外部四壁作法与甬道同，有的砌出横砖带（即室内壁上的凹入部分）。自墓底高约2.7米外，即自室顶部分起，四面叠涩收进，下部用卧丁砖一匝，余多用横砖砌起。横砖间也有的砌砖带，最上顶心铺横砖一列。整个前室外部轮廓，极似截头扁方锥形（图版柒）。

〔过道〕在前室后面。内部长1.2米，宽1.43米，自砖地至顶高3.15米。过道东西二壁南端的倚柱即前室北壁正中和过道相连的二倚柱，柱上铺作即上述之内转角，该内转角的北侧面位于过道东、西二壁之上，此北侧面除令栱上多一替木外，与位在前室北壁的南侧面同。北端倚柱上的柱头铺作南侧面与南端倚柱上内转角的北侧面同，其正面出华栱一跳，上承耍头（图版拾叁：Ⅰ）。二壁正中各砌一窗，其组织：外砌上额、榑柱、窗额、立颊、腰串，内影作子桯，子桯之内竖砖作破子棂九枚。腰串下两端又各砌出窗砧一枚（图版拾肆：Ⅰ；插图九）[31]。过道北壁正中原砌补间铺作一朵，其下原砌过梁门，现皆崩毁（图版拾叁：Ⅱ）。由此崩毁部分可以略察砖砌过梁的特殊结构，即在砖与砖之间施用厚约5—

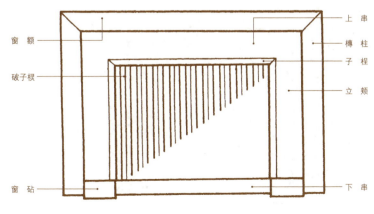

插图九　第一号墓过道两壁的破子棂窗

插图一〇　第一号墓前室、过道顶
　　　　——丁字叠顶式宝盖

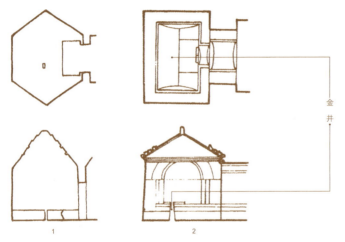

插图一一　（参看〔33〕）
1. 第一号墓后室平、剖面
2. 河北易县清昌陵地宫后部平、剖面

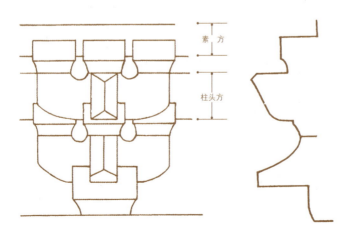

插图一二　第一号墓后室补间铺作

7毫米锈粘极牢的铁片[32]。过梁门下，两侧贴过道壁各顺砌半块砖作门砧，此两半块砖间又横砌砖二块作地栿。

过道顶之制与前室同，但山花帐头之上内收三层，又顶南面与前室顶北坡中部相连，因省去盝顶的南斜面，而二顶联合遂成一"丁字盝顶"（图版拾伍；插图一〇）。过道外部结构与前室相同，只是顶部作三面收进。

〔后室〕过道北壁的过梁门即后室入口（图版拾肆:Ⅱ、拾陆:Ⅰ）。后室平面六角，内部每面长宽1.26—1.30米不等。自第一层砖床面至顶高2.6米。入口内为长55厘米、宽1.06米的扁方形地面（即第一层砖床延至后室部分），围此扁方形地面上又砌高40厘米的第二层砖床，直迄北壁。此砖床中部留有长10厘米、宽6厘米的扁方形小孔，下通生土（插图一一）[33]，砖床南缘也砌成叠涩座式。

六壁的下部都是在第二层砖床上砌地栿二层，其间支以小砖块。地栿上的仿木结构略同前室，但补间铺作每面皆一朵，全部铺作的尺寸也较前室为小（图版拾陆:Ⅱ、拾柒；插图一二）。其补间铺作详细尺寸，列表如下：

|  | 上宽 | 下宽 | 耳高 | 平高 | 欹高 | 总高 | 附注 |
|---|---|---|---|---|---|---|---|
| 栌斗（厘米） | 22.5 | 18.5 | 5.5 | 5.5 | 5 | 16 | 斗欹内颤 |
| 散斗（厘米） | 15 | 12 | 5.2 | 1.8 | 4.3 | 11.3 | 斗欹内颤。交互斗、齐心斗略同 |

|  | 泥道栱 | 令栱 | 昂 | 耍头 | 第一跳出跳 |
|---|---|---|---|---|---|
| 长（厘米） | 46 | 46 | 28 | 18.5 | 11 |
| 附注 | 栱端卷杀 | 栱端卷杀 | 琴面 | 蚂蚱头 |  |

东南、西南二壁都绘有壁画，东北、西北二壁正中各砌一窗，其组织与过道者同。北壁正中砌假门，其组织外砌上额、槫柱，内砌门额、立颊、地栿。门额面雕砖作门簪四枚，外侧者四瓣蒂形较大，内侧者圆形较小[34]。地栿两端各砌出门砧一枚。门额、立颊内，砌版门两扇，左扇向北微启（插图一三）。

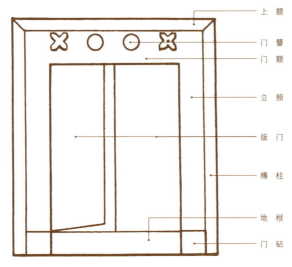

插图一三　第一号墓后室北壁假门

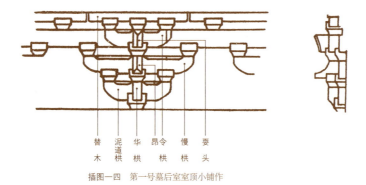

插图一四　第一号墓后室室顶小铺作

　　后室室顶组织，在六壁的上层素方之上砌内收的随瓣方二层，方上砌转角铺作。两转角间砌补间铺作一朵，皆单抄单昂五铺作重栱计心造（图版拾柒：Ⅱ、拾捌：Ⅰ；插图一四）。此部铺作虽远较下面的铺作为小，但其细部的相互比例则较其下面的乃至前室的铺作反为宽大，并设有替木和真正的慢栱。其补间铺作详细尺寸如下表：

|  | 上宽 | 下宽 | 耳高 | 平高 | 欹高 | 总高 | 附注 |
|---|---|---|---|---|---|---|---|
| 栌斗（厘米） | 6 | 4.5 | 2.2 | 0.8 | 1.8 | 4.8 | 斗欹内颙 |
| 散斗（厘米） | 5 | 3 | 1 | 0.8 | 1.5 | 3.3 | 斗欹内颙。交互斗、齐心斗略同 |

|  | 泥道栱 | 泥道慢栱 | 令栱 | 替木 | 昂 | 耍头 | 第一跳出跳 | 第二跳出跳 |
|---|---|---|---|---|---|---|---|---|
| 长（厘米） | 20 | 33 | 19 | 31 | 6 | 6 | 3.3 | 0 |
| 附注 | 栱端卷杀 | 栱端卷杀 | 栱端卷杀 | 替木两端卷杀 | 琴面 | 蚂蚱头 |  |  |

铺作之上随瓣内收，砌出山花帐头和宝盖，其组织略与前室同，唯宝盖内收三层，并易盝顶为截头的六瓣攒尖顶（图版拾捌：Ⅱ）。

后室外部除室顶作六瓣和室入口两侧砌有向东西凸出的两翼墙之外，略同前室（图版伍）。

**注释**

〔22〕土洞内砌墓室本为中原一带汉唐旧制。司马光谓此种穿圹法适于坚土之乡。《司马氏书仪》（《学津讨原》本）卷七《丧仪·穿圹》条注："其坚土之乡，先凿埏道，深若千尺，然后旁穿窟室以为圹，或以砖范之，或但为土室，以砖数重塞其门，然后筑土实其埏道。"

〔23〕此墓墓门铺作材、栔高度为15：5.2，与北宋元符三年（公元1100）成书、崇宁二年（公元1103）颁布的李明仲《营造法式》（武进陶氏仿宋刻本）卷四《大木作制度·材》条所规定的："栔广六分……各以其材之广，分为十五分，以十分为其厚"，极为接近。

〔24〕此细部尺寸和彼此的比例，大多与《营造法式》不合（参看《营造法式》卷四《大木作制度》一，《斗》、《栱》、《总铺作次序》诸条）。其中栌斗耳、平、欹都高5厘米，恰为三层砖之厚。散斗耳、平、欹都高10厘米，亦正为二层砖之厚。又华栱、昂出跳短促。凡此类皆因受砖本身限制所致。按白沙宋墓铺作细部尺寸大都不合《营造法式》所记。以下不另附注。

〔25〕此墓铺作栱端卷杀都作一"圆瓣"，与《营造法式》卷四《大木作制度·栱》条所规定之四瓣（华栱、泥道栱、瓜子栱）、五瓣（令栱）不同。

〔26〕此墓墓门铺作、前室补间铺作和后室下部小铺作，泥道栱都较令栱为长，后室

铺作泥道栱与令栱同长，皆与《营造法式》卷四《大木作制度·栱》条所规定之"泥道栱其长六十二分……令栱其长七十二分"，即泥道栱比令栱短者不同。

〔27〕唐至北宋初，昂都垂尖斜上，所以《营造法式》卷四《大木作制度·飞昂》条记昂的基本形式云："垂尖向下"，"昂身斜收"。北宋末始有平出的假昂，现存实物，以此墓为最早。又昂面在唐至北宋初都斫作批竹式，《营造法式》卷四《大木作制度·飞昂》条注中始著有琴面昂："亦有于昂面上随颛加一分，讹杀至两棱者，谓之琴面昂。"现存琴面昂遗物也以此墓为最早。

〔28〕此贴壁砌出之版门的高宽比例，与《营造法式》卷六《小木作制度·版门》条所记："造版门之制……广与高方，如减广者不得过五分之一"相符。又此版门下缘距地面尚留有一段距离，两门间亦未砌出地栿，因疑此种门制，约即《营造法式》卷六《小木作制度·版门》条地栿注中所记之断砌造："若断砌门，则不用地栿，于两颊下安卧柣、立柣。"而甬道东西二壁前方下部即墓门之二立颊下所砌之条砖一块，盖即《营造法式》所记之卧柣或立柣。

〔29〕《营造法式》卷三《石作制度·角柱》条记叠涩座之制："若殿宇阶基用砖作叠涩座者，其角柱以长五尺为率，每长一尺则方三寸五分，其上下叠涩并随砖座逐层出入制度。"又《殿阶基》条："造殿阶基之制……四周并叠涩座数令高五尺，下施土衬石，其叠涩每层露棱五寸，束腰露身一尺，用隔身版柱，柱内平面作起突壶门造。"

〔30〕前室铺作材、栔高度为15：5.8，与前引《营造法式》所定之15：6相差极微。

〔31〕墓壁设棂窗，似始于汉，如江苏徐州茅村东汉画像石墓（王献唐《徐州市区的茅村汉墓群》，《文物参考资料》1953年1期）。其后甘肃敦煌唐墓［夏鼐《敦煌考古漫记》（三），《考古通讯》1955年3期］，用砖砌出。又较此第一号墓为早的沙东第一七一号墓（陈公柔《白沙唐墓简报》）墓壁亦砌棂窗，但其式为方棂，与此破子棂者不同。

〔32〕此厚约5—7毫米锈粘极牢的铁片，形制极不规则，疑为砌建时用以粘连砖块之铁熔液所凝固。按熔铁汁以粘连砖石结构的做法，唐以前似已开始，段成式《酉阳杂俎》前集（《四部丛刊》影印明万历刻本）卷十三："刘晏判官李邈庄在高陵……（庄客）近开一冢，冢西去庄十里，极高大……初旁掘数十丈遇一石门，固以铁汁。"《宋史》卷四百六十二《方伎传》下《僧怀丙传》："赵州洨河凿石为桥，熔铁灌其中，自唐以来，相传数百年，大水不能坏。岁久乡民多次凿铁，桥遂欹倒，计夫不能正，怀丙不役众工，以术正之，使复故。"唐高宗乾陵亦用此法。《通典》（图书集成局排印本）卷八十六《礼》四十六《丧制》之四《葬仪》条："神龙元年（公元705）十二月将合葬则天皇后于乾陵，给事中严善思上表曰……闻乾陵玄宫，其门以石闭塞，其石缝铸铁以固其中。"北宋时，沿用不绝，《宋史》卷九十四《河渠志》四："洛水贯西京，多暴涨，漂坏桥梁。建隆二年（公元961）留守向拱重修天津桥……石纵缝以铁鼓络之，其制甚固。"又张知甫《可书》（《墨海金壶》本）："[宣和间（公元1119—1125）]章惇方柄任，用都提举汴河堤岸司贾种民议，起汴桥作二楼。又依桥作石岸，以锡、铁灌其缝。"《营造法式》卷三《石作制度·卷輂水窗》条注亦记有灌锡制

度:"如骑河者,每段用熟铁鼓卯二枚,仍以锡灌。"至于墓室锢铁,苏轼《志林》(涵芬楼排印本)卷四记有传陈胡公墓:"(陈州)柳湖旁有丘,俗谓之铁墓,云陈胡公墓也。城濠水往啮其址,见有铁锢之。"光绪《临洮厅志》亦曾记一事:"旧城四十里五日卡庄,工人掘土,忽隐一深穴……仍入之……砖砌为门,铸以生铁,但无年月姓氏。"

〔33〕后室第二层砖床中部所砌方孔,下通生土,疑即"地理家"所谓"穴"之所在。《地理新书》王洙《序》注:"冢有六甲八卦,穴有甲丙庚壬。"此穴之求得,当时说法不一,《地理新书》卷十二《冢穴吉凶·步地取吉穴》条计有八法,末曰昭穆,其记推取吉穴之方,以述阡陌法为较详:"一曰阡陌,谓平原法;从丘陵坑坎沟涧大道,因之起步,然后十步一呼甲子及建除等,得申(按为甲之讹)庚丙壬与满定成开等合者,大吉。"按取穴之说,唐已有之,《太平广记》(影印明谈恺刻本)卷三百八十九引张鷟《朝野佥载》:"舒绰东阳人,稽古博文,尤以阴阳留意;善相冢。吏部侍郎杨恭仁欲改葬……绰曰此所拟处深五尺之外有五谷,若得一穀即是福地,公侯世世不绝。恭仁即将绰向京,令人掘深七尺,得一穴,如五石瓮大,有粟七八斗,此地经为粟田,蚁运粟下入此穴。当时朝野以绰为圣。"(按此条《宝颜堂秘笈》普集本失收)至宋似更普遍,四川华阳所发现北宋墓中之腰坑(四川省文物管理委员会《四川华阳县北宋墓清理简报》,《文物参考资料》1956年12期)、河北房山坟庄金墓中之八角井(曾毅公《房山之行》,未刊),大约皆是"穴"之所在。河北易县清西陵诸陵寝地官金券之内的宝床正中亦有小孔,北京图书馆藏清样式房雷氏旧藏《诸陵图》记其名曰"金井"。刘敦桢《易县清西陵》(《中国营造学社汇刊》5卷3期)据各陵工程册云:"金券之内设宝床。安置金棺。宝床中央有金井一处,大葬时,将初掘之吉土,填入井内。"(此条承谢元璐先生见告)文中又附重摹雷氏旧藏《诸陵图》。插图一二:2昌陵地官后部的平、剖面即据之描绘。按此所谓金井当亦即穴。又金井一词,宋以来有指土圹而言者,如洪迈《夷坚三志》壬(涵芬楼排印本)卷十《韩羽建墓》条:"泰州人韩羽置坟山于近郊,择庆元二年(公元1196)三月课工斩草,建造生墓……其妻徐氏……梦二人跪,独妇言曰……闻来日开金井,如见妾等切不可怕。"又如《欹枕集》(影印明刻本)卷上《死生交范张鸡黍》:"张(郡)问了去处,奔至郭外,望见山林前新筑一造土坛,坛外有数十人面面相觑,各有惊异之状……众人都拽棺椁入金井,并不能动。"皆与上述墓室内之金井不同。

〔34〕门簪数目,根据已知的唐、宋遗物多作二枚(陈仲篪《识小录——门饰之演变》,《中国营造学社汇刊》5卷3期)。但《营造法式》卷三十二《小木作制度·图样》中的版门背面却绘门簪后尾四枚。是北宋末已流行用四枚,而实例以此墓为最早。又颍东第一五九或一六○号墓(宋墓,中国科学院考古研究所白沙发掘队所发掘,报告尚未付印。此墓号系承陈公柔同志见告)墓门门簪数目、形制,与此略同。较此两墓略晚者有河南登封少林寺金正隆二年(公元1157)西堂老师塔,其式外侧二枚方形,较宽大,内侧二枚菱形,较窄小(刘敦桢《河南省北部古建筑调查记》,《中国营造学社汇刊》6卷4期),形式虽与此两墓有别,但外大内小之制则与此同。

# 墓的装饰

**壁画** 墓内各室壁面都刷有薄薄的白土一层[35]，上绘彩色壁画。按其前后位置可分甬道壁、前室壁、过道壁和后室壁四部。

〔甬道壁〕东壁三人。右侧一老者，露半身于砖砌门扇之右，头系蓝巾[36]，着圆领窄袖浅蓝衫[37]，面西，作启门状，似为司阍人。其左二人：前者头系皂巾，着圆领窄袖四裰浅蓝衫[38]，衫下襟吊起，系于腰间，露出窄腿浅蓝裤和草鞋，面北，双手持一束札上端涂有绛、蓝二色的筒囊，作自门外急趋室内状；后者头系白巾，左肩负钱贯，衣着动作一如前者。此二人当为向墓主人贡纳财物者（图版拾玖：Ⅱ）。

西壁三人一马。左侧一人隐半身于砖砌门扇之内，头系蓝巾，着圆领窄袖短蓝衫，窄腿蓝裤，面北，目视右侧二人，似亦为司阍人。其右立一黑鬃黑尾浅黄色马[39]，绛鞍、浅蓝鞯，羁、缰、靮、鞘等马具俱全，缰上系一浅色缨。马后立二人：前者头系皂巾，着圆领窄袖浅赭衫、窄腿白裤、草鞋，右手执一竿形物，面东目视司阍人，若与之作酬答状；后者冠着略同前，唯头系蓝巾，巾上系一卷，卷面墨书"画上崔大郎酒"六字，双手捧一黑色酒瓶（插图一五）[40]，面北斜视司阍人。后二人当为向墓主人致送酒物者（图版拾玖：Ⅰ）。

〔前室壁〕南壁入口东侧阑额下绘绛色悬幔，蓝色组绶[41]。幔下二人，面西立：前者头系皂巾，着圆领窄袖四裰蓝衫，腰际系带，左肩负钱贯，似即甬道东壁所绘贡纳财物人入门后侍候于此；后者冠着略同前，唯衫作赭色，双手持骨朵（插图一六）[42]，当为墓主人的侍卫（图版贰壹：Ⅰ）。南壁入口西侧也画绛幔蓝绶，幔下二人面东立：前者系白巾，着圆领窄袖赭衫，腰际系带，双手捧筒囊；后者系皂巾，

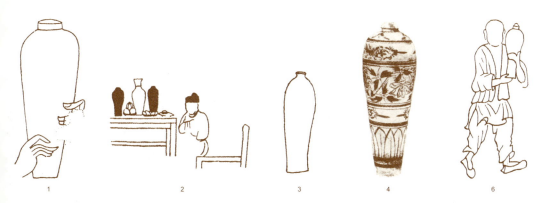
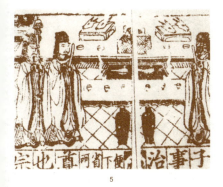

插图一五（参看〔40〕）
1. 第一号墓甬道西壁壁画中的酒瓶
2. 河南安阳北宋熙宁十年王用墓中部分壁画
3. 辽宁义县清河门第四号辽墓所出的酒瓶
4. 河南禹县扒村宋窑白釉黑花瓶
5.《新刊全相成斋孝经直解》中祭祀附图
6. 山西永济永乐宫元至正十八年《纯阳帝君神游显化之图》壁画中捧持酒瓶的侍童

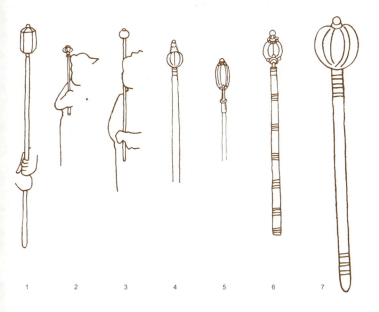

插图一六（参看〔42〕）
1. 第一号墓前室南壁壁画中的骨朵
2. 河南安阳王用墓壁画中的骨朵
3. 日本大阪山中商会所藏宋墓壁画中的骨朵
4. 内蒙古林东辽庆陵东陵壁画中的骨朵
5. 宋人《却坐图》中的骨朵
6.《武经总要·器图》中的蒜头骨朵
7.《燕北录》骨朵附图

   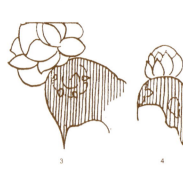

插图一七　第一号墓前室东壁壁画中女乐所着的尖鞋

插图一八　（参看[47]）
1. 第一号墓前室东壁壁画中女乐所戴的莲花冠
2. 唐人《纨扇仕女图》中的莲花冠
3. 传唐周昉《簪花仕女图》中的莲花冠
4. 山西太原晋祠圣母殿中北宋着莲花冠的侍女塑像头部

着圆领窄袖四襟白衫、窄腿白裤，腰际系带，双手持骨朵，其意与南壁东者同（图版贰拾、贰壹：Ⅱ）。

东壁阑额下，用砖砌成卷起的竹帘，帘着土黄色，并缀以绛心赭色小花，帘两端各画银钩一。卷帘下雕砖作悬幔，幔着绛色。幔下有女乐十一人。右侧五人分前后二排立。后排二人：右者戴硬脚花额幞头[43]，着圆领窄袖紫袍，面北，双手各持小杖作击鼓状，鼓漆红色，下承黄色座[44]；左者梳高髻，髻上戴白色团冠，冠上缘饰以绛、蓝两色[45]，冠下前面插黄色簪饰，着窄袖浅绛衫，面北，双手击拍板。前排三人：右者戴硬脚花额幞头，着圆领窄袖浅绛衫、窄腿蓝裤，足登尖鞋（插图一七），面北，双手击腰鼓；当中者冠饰同前，着圆领宽袖蓝色长衫，面南，侧身立吹横笛；左者冠饰也同前，着圆领宽袖绛色长衫，腰际系黄带，面东吹觱篥。东壁右侧立五人，后排二人：左者高髻方额[46]，髻上亦戴有白团冠，冠下插簪饰，着窄袖蓝衫和绛色云纹裙，面南吹箫；右者冠着略同，但着绛衫，也面南吹箫。前排三人：左者髻上戴莲花冠（插图一八）[47]，冠下插簪饰，方额，着窄袖绛色长衫和绛色云纹裙，面南吹笙；当中者高髻方额，髻上亦戴白团冠，着窄袖蓝色长衫和绛色云纹裙，面南吹十二管排箫，排箫下端系有同

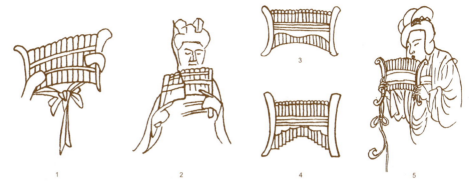

**插图一九**（参看〔48〕）
1. 第一号墓前室东壁壁画中女乐所执的排箫
2. 四川成都五代王建墓棺床壶门中雕出的奏排箫的女乐
3、4.《三礼图》中的箫
5. 宋摹五代周文矩《宫中图》中奏排箫的女乐

心结饰（插图一九）[48]；右者髻上戴花冠[49]，着窄袖浅绛色长衫和白裙，裙下露尖鞋，面南，右手执拨，弹曲颈五弦琵琶。琵琶拨杆部分有彩色花纹。左右侧四排女乐之间，一女子戴硬脚花额幞头，着圆领窄袖紫袍，宽腿裤，足登尖鞋，面东，欠身扬袖作舞（图版贰贰）[50]。

西壁阑额下砖砌卷帘与东壁同。卷帘下绘绛色悬幔，蓝色组绶。帐幔下可分砖砌和壁画两部分。砖砌部分浮出壁面约5—10厘米，为西壁之中心，即男女对坐像和桌椅等物的侧面[51]。男袖手坐右侧，戴蓝帽[52]，着圆领蓝袍。女袖手坐左侧，梳高髻方额，髻前后插簪饰，着绛襦白裙。二人皆侧身面东观看东壁之乐舞。全墓壁画人物唯此男女二像砖砌浮出，颇为特殊，当为墓主人夫妇之像[53]。二人皆坐椅上。二椅皆圆脚，着赭色（插图二〇）。椅前下端又各设一赭色脚床子（插图二一）[54]。男女当中置桌，桌圆脚，亦着赭色（插图二二）[55]，桌上设一注子（插图二三）[56]、两盏，注子上雕蹲兽，注身雕出瓜形弧线，盏下托有缘作荷叶饰的托子（插图二四）[57]，注子、盏、托子皆着青色。砖砌部分之后画壁画。右侧（即男坐像之后）画一屏风，屏额、榑柱涂蓝色，额、榑柱相交处画黄色拐角叶，屏心淡蓝色，其上画水波纹[58]。屏左立一女，露半身，高髻插簪饰，着窄袖绛衫，面

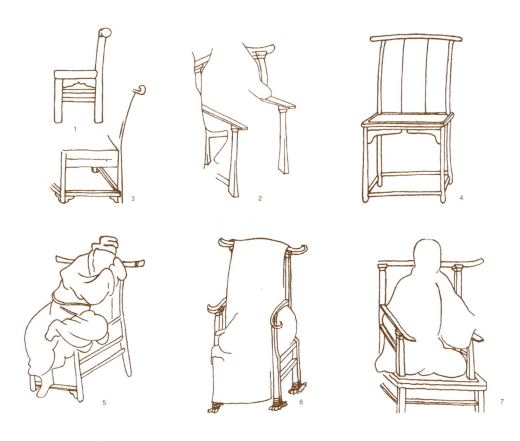

插图二〇 （参看〔55〕）
1. 第一号墓前室西壁壁画中砖砌椅子
2. 甘肃敦煌莫高窟196窟（晚唐）壁画中的椅子
3. 传五代顾闳中绘《韩熙载夜宴图》中的椅子
4. 河北钜鹿所出北宋椅子
5. 金刘元绘《司马槱梦苏小图》中的椅子
6. 日本传藤原时代（晚唐—南宋）所绘《十六罗汉图》中的椅子
7. 日本传藤原时代（晚唐—南宋）藤原隆能绘《真如法亲王像》中的椅子

插图二一 （参看〔54〕）
1. 第一号墓前室西壁壁画中砖砌脚床子侧面
2. 传五代顾闳中绘《韩熙载夜宴图》中的脚床子
3. 传宋李公麟绘《高会习琴图》中的脚床子

插图二二 （参看〔55〕）

1. 第一号墓前室西壁壁画中砖砌桌及其侧面
2. 甘肃敦煌莫高窟85窟（晚唐）壁画中的木桌
3、4. 传五代顾闳中绘《韩熙载夜宴图》中的木桌
5. 宋人《消夏图》中的木桌
6. 河北钜鹿所出北宋木桌
7. 宋妇人斫鲙画砖

插图二三 （参看〔56〕）

1. 第一号墓前室西壁壁画中砖砌注子
2. 传唐胡瓌绘《卓歇图》中的金铜注子
3. 宋白瓷注子

插图二四（参看〔57〕）
1. 第一号墓前室西壁壁画中所嵌的砖雕碗和托子
2. 传唐阎立本绘《萧翼赚兰亭图》中的碗和漆托子
3. 河南洛阳涧西第一一一号墓（宋熙宁五年贾氏墓）所出青瓷托子
4. 内蒙古赤峰大营子第一号辽墓（辽应历九年卫国王墓）所出白瓷托子
5. 内蒙古赤峰大营子第一号辽墓（辽应历九年卫国王墓）所出银托子
6. 朝鲜高丽时代（北宋—元）的银碗和银托子
7. 日本奈良法隆寺所藏铜托子

南，双手捧一黑色果盘，内盛桃果。其前一男，童髻，髻顶系绛带，着圆领窄袖浅绿袍，腰系紫带，双手捧青白色唾壶（插图二五）[59]，面南侍立于男坐像之侧。左侧（即女坐像之后）也画一屏风，屏制同前。屏右一女，露半身，高髻，髻前插簪饰，髻上亦戴白团冠，冠状与东壁同，着宽袖绛袍和白地赭条纹裙，裙下露尖鞋，袖手面北立。其前一女，高髻，髻后编鬟饰[60]，髻上施簪、花等饰物，着窄袖蓝衫，衫上着赭缘蓝色背子[61]，衫下露绛缘花裙，面北，双手捧一绛色圆盒，侍立于女坐像之侧。男女侍之后露白墙，墙上书草书十五行，似为室中所悬的大幅中堂。字迹极潦草，除自左第五行中"不"字和第六行中"车马"二字外，余皆不可辨识。此外，在砖砌圆腿桌下画一黑色高瓶，瓶承以黄色小座（插图二六）[62]。男像脚床子前面地上画两枚铤形物，相叠作十字状。男像椅下画一铤形物和一椭圆形物。

插图二五 （参看〔59〕）
1. 第一号墓前室西壁壁画中男人所捧的唾壶
2. 唐人《纨扇仕女图》中的唾壶
3. 辽宁义县清河门第一号辽墓所出白瓷唾壶
4. 朝鲜高丽时代（北宋—元）青瓷唾壶
5. 日本治安元年（北宋天禧五年）施入奈良正仓院的绀琉璃唾壶
6. 《新刊全相秦并六国平话·始皇令王翦伐赵图》中捧唾壶的侍童
7. 山西大同卧虎沟第二号元墓壁画中捧唾壶的男人
8. 山西永济永乐宫元至正十八年《纯阳帝君神游显化之图》壁画中捧唾壶的侍女

插图二六 （参看〔62〕）
1. 第一号墓前室西壁壁画中的高瓶和瓶座
2. 宋人《胆瓶秋卉图》中的胆瓶和瓶座

女像椅下画一铤形物。这些大约都是当时通行的金银铤、饼之类（图版贰叁；插图二七）[63]。

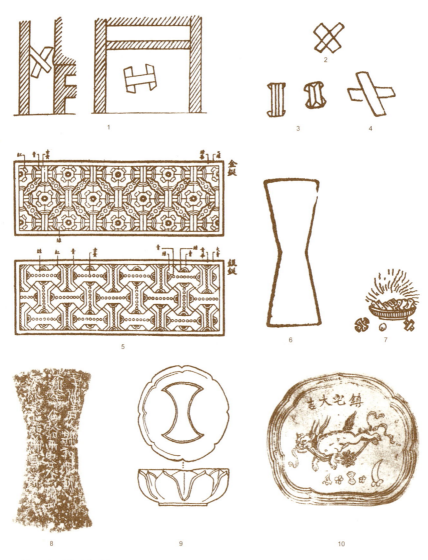

插图二七 (参看〔63〕)

1. 第一号墓前室西壁壁画中桌、椅下面的金银铤
2. 《佛说寿生经》扉图中的金铤
3. 《佛国禅师文殊指南图赞》善财童子第十四、十五参附图中的银铤
4. 《赵城藏》扉图(元补刻)中的金铤
5. 《营造法式》中的金银铤彩画
6. 传宋拓《淳化阁帖》银铤镶痕
7. 《新刊全相平话乐毅图齐七国春秋·四国顺齐图》中的"金宝"
8. 宋潭州清化县所铸银铤
9. 山西大同南门所出元石莲座上的银铤文
10. 宋白釉黑花镇宅大吉陶枕上的银铤

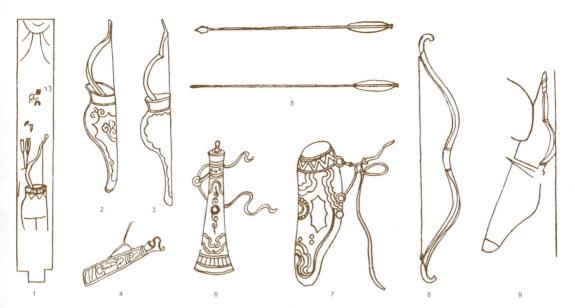

插图二八 （参看〔64〕）
1. 第一号墓前室北壁东侧壁画
2、3. 传唐胡瓌绘《番骑图》中的弓和弓袋
4. 传宋陈及之绘《便桥会盟图》中的箭箙
5. 《武经总要·器图》中的箭
6. 《武经总要·器图》中的箭箙
7. 《武经总要·器图》中的弓袋
8. 《武经总要·器图》中的弓
9. 内蒙古林东辽庆陵东陵壁画中的弓和弓袋

插图二九 （参看〔65〕）
1. 第一号墓前室北壁西部壁画
2. 《武经总要·器图》中的剑
3. 《武经总要·器图》中的铁简
4. 《武经总要·器图》中的梭枪

  北壁东侧上面画绛色悬幔，下列兵器，已漫漶，可辨识者，有盛以弓袋的弓一张，箭二枚，箭下似画箭箙（图版贰肆：Ⅱ；插图二八）[64]。北壁西侧上面也画绛色悬幔，下竖植二赭杆枪和一剑、一简（图版贰肆：Ⅰ；插图二九）[65]。

插图三〇 （参看〔66〕）
1. 第一号墓过道两壁壁画中的流苏
2. 日本大阪山中商会所藏宋墓壁画中的流苏
3. 《纂图增新群书类要事林广记·丧祭器具之图》中的帷幔四角的流苏

插图三一 （参看〔68〕）
1. 第一号墓过道西壁窗下壁画中的线球
2. 元人《揭钵图》中的线球玩具

〔过道壁〕东壁上画蓝幔绛绶。幔下画饰以绛、蓝二色绢饰的线球流苏（插图三〇）[66]，流苏左右又各画绛、蓝二色的同心结。壁面正中竖砖作破子棂窗，窗下右侧画黑色粮罐（？），左侧有斜倚束扎上端的白色粮袋三，最前一袋袋面墨书"元符二年赵大翁布（？）"八字（图版拾肆：Ⅰ；贰伍：Ⅰ）。

西壁窗以上略同东壁，窗下画有承以瓶座的黑色高瓶二，瓶左面铤形物一、细腰修刃剪一。再左一物，不识其名，下部为四边形，上部作铃形。该物的右上方，绘有类似衣架顶上横木的一端，端作蕉叶饰[67]，上系一饰以同心结的线球（图版贰伍：Ⅱ；插图三一）[68]。

〔后室壁〕东南壁上砖砌悬幔，幔绛色，绶蓝色。帐幔下三女二男。左侧二女：前者坐椅上，高髻，髻上戴白团冠（冠状同前），冠下前后插簪饰，着窄袖蓝衫、云纹蓝裙，衫上着绛色背子，右手持一铤

墓的装饰    53

插图三二 （参看〔70〕）
1. 第一号墓后室南壁壁画中的高几
2. 宋徽宗赵佶绘《听琴图》中的高几

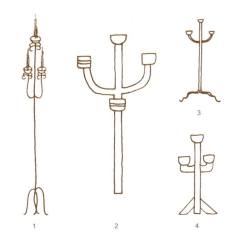

插图三三 （参看〔71〕）
1. 第一号墓后室东北壁壁画中的灯檠
2. 河南郑州工人新村宋墓壁画中砖砌灯檠
3. 河南郑州柿园宋墓壁画中砖砌灯檠
4. 河南郑州南门外宋墓壁画中砖砌灯檠

形物，面南与右侧二男作谈话状；后者冠着同前，也持一锭形物，面南立，目视右侧之二男。此女身后置一赭色衣架[69]，架顶横木两端画蕉叶饰，架上搭有衣物。二女中间一赭色高几，几面上画锭形和圆形物各一件（插图三二）[70]。壁面右侧画二男：左者头系皂巾，着圆领窄袖淡赭衫和白裤，双手捧钱贯；右者亦系皂巾，着圆领窄袖蓝衫和白裤，双手捧一黑色盘。盘中盛有锭形和圆形物，二人皆面北侍立于左侧女坐像之前，作进奉状。此二男人似即甬道东壁和前室南壁所画之贡纳财物者。二男之后立一女，冠着略同左侧立女，面北，双手持一如前述之筒囊。壁面最右端一蓝色曲足盆架，架上置盥盆（图版贰陆）。

东北壁上画绛幔、蓝绶。壁面正中竖砖作破子棂窗。窗右墨绘灯檠一具，檠上出三枝，置三灯盏，每灯盏内并绘有很长的绛色灯燃（图版贰柒：1；插图三三）[71]。窗下有画，已漫漶。

 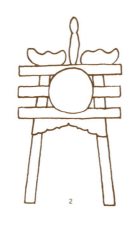 

插图三四（参看〔72〕）
1. 第一号墓后室西南壁壁画中的镜台
2. 河南郑州南门外宋墓壁画中的砖砌镜台
3.《云笈七签》卷七十二所附镜台图

　　西南壁上设幔、绶，制作同东南壁。幔下左侧立一女，高髻，髻上施簪花等饰物，髻后编鬘饰，着蓝衫绛裙，裙下露尖鞋，面北，双手捧绛色圆盒。其前置一淡赭色镜台，台端画七枚蕉叶饰，最上蕉叶饰下系圆镜一面（插图三四）〔72〕。右侧立四女：前面一女着窄袖绛衫、卷云纹裙、尖鞋，面南，双手上捧白团冠，欠身临镜作着冠状，冠下前后插簪饰；其后左侧立一女，冠着略同前，但衫作蓝色，面南，右手戟指左侧镜台后面的立女，作申斥状；此女之右立一女，高髻，髻上施簪花等饰物，髻编鬘饰，着窄袖淡绛色小团花衫、白裙、尖鞋，面南，双手捧一白色盘，盘中盛二盏及托子，盏着白色，托着绛色；其前一少女，垂双髻，着窄袖淡蓝色小团花衫、淡绛裙，双手捧一绛缘黑底盘，盘中所盛似为妆梳用具，拱身侍立于临镜着冠的女人之后。四女身后，左侧是一深蓝色杌，杌上似置物，已不可辨（插图三五）；右侧画一赭色巾架〔73〕，架上搭蓝巾，巾面织方胜。巾架之右一绛色曲足盆架。架上置蓝色白缘盥盆（图版贰捌；插图三六）。

墓的装饰 55

插图三五　第一号墓后室西南壁壁画中的机

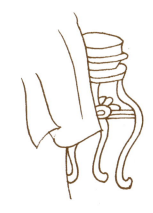
插图三六　第一号墓后室西南壁壁画中的曲足盆架

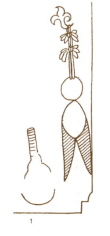

插图三七　（参看[74]）
1. 第一号墓后室西北壁壁画中的细腰剪刀、熨斗
2. 河南郑州南门外宋墓墓室壁上的砖雕器物（衣架、细腰剪刀、尺、熨斗）

　　西北壁略同东北壁（图版贰柒：Ⅱ）。但窗右画一蕉叶钉，下系细腰修刃剪刀一把，其左竖置一熨斗（插图三七）[74]。再左似立一罐，已漫漶。罐左画一黄色藤制小矮几，几上置一瓶。几左即窗下左侧，画一淡黄色狸奴，头左向（图版贰伍：Ⅲ）。

　　北壁上画绛幔、蓝绶，其下砖砌假门。假门外，面南立一砖雕的少女，垂双髻，着窄袖衫和长裙，裙下露尖鞋，右手作启门状。此砖雕少女原来敷有彩色，现已脱落（图版贰玖、叁拾；插图三八）[75]。

插图三八 （参看［75］）
1. 第一号墓后室北壁妇人启门装饰
2. 第二号墓墓室北壁妇人启门装饰
3. 陕西长安竹园村唐塔上的妇人启门装饰
4. 河北赵县宋景祐五年幢上的妇人启门装饰
5. 北京西山辽开泰九年澄赟上人舍利舌塔幢上的妇人启门装饰
6. 河南郑州柿园宋墓墓室后壁妇人启门装饰
7. 四川宜宾宋墓墓室后壁妇人启门装饰
8. 四川南溪宋墓墓室后壁妇人启门装饰
9. 贵州遵义宋墓墓室后壁妇人启门装饰
10. 山西太原龙山昊天观4窟后壁的启门装饰
11. 山西浑源圆觉寺金塔上的妇人启门装饰
12. 河北新城金大定九年时昌国石棺后壁的妇人启门装饰
13. 朝鲜高丽时代（北宋—元）人物殿堂菱花镜背面的妇人启门装饰

插图三九　第一号墓墓门门额背面彩画

插图四〇　（参看〔78〕）
1. 第一号墓甬道顶叠胜彩画
2.《营造法式》中的罗纹叠胜

**建筑彩画**　全墓仿木建筑部分皆刷白土，装銮彩画，按其位置可分墓门、甬道、前室、过道、后室五部。

〔墓门〕墓门正面原和墓室相同，砖上满刷白土，上绘彩画，但因被填土所掩，刷洗后大部漫漶。可辨识者有：门脊绘赭、黄两色叠胜（插图一）；阑额画赭地柿蒂；门额、立颊墨画卷草[76]；门额背面两端墨画流云、双禽，中绘牡丹（图版捌：Ⅰ；插图三九）。

〔甬道〕东西壁外侧砖砌的两扇版门，通刷赭色[77]，门钉、门环着黄色。甬道顶叠涩部分也通刷赭色，顶心画赭、黄二色叠胜（图版玖：Ⅰ；插图四〇）[78]。

〔前室〕南壁正中即入口处的两侧和上面影作立颊、门额，颊、额面墨画卷草。门额下画青晕绛心宝相花三朵（图版玖：Ⅱ）。地栿原有彩画，已不可辨。柱础覆盆上墨画仰莲。倚柱全部衬赭地，柱头箍头墨线内画青晕半柿蒂[79]，或赭色方胜，柱身画一整两破青晕梭身柿蒂

插图四一 （参看[80]）
1. 第一号墓前室南壁倚柱彩画
2. 《营造法式》中的梭身合晕

（插图四一）[80]，柱脚箍头墨线内画青晕仰莲[81]。阑额近柱处画简单黄色箍头，中部画赭、青相间的四半方胜[82]。普拍方两端箍头同阑额，但普拍方正中则又画相背的箍头，二箍头间画四半方胜，此种彩画系表示此通长之普拍方，原为二件普拍方所衔接[83]。方身画赭地青晕半柿蒂。斗衬赭地，其上画青晕仰莲[84]，或半柿蒂或四分之一柿蒂[85]。栱画青晕柿蒂，或赭青两色相间的斜格纹[86]。昂底、昂面皆画赭心方胜，侧面画赭青两色相间的斜格纹或青晕柿蒂，昂嘴画青晕半柿蒂。耍头面、耍头鹊台画赭心方胜。栱眼壁画青晕绛心牡丹[87]。素方画赭地青晕柿蒂。混肚方墨画仰莲瓣。山花板刷染赭色，但外棱留有白缘道（图版拾：Ⅰ；插图四二）。

东、西壁槏柱和阑额皆墨画卷草。栱或画赭地青晕菱纹柿蒂[88]。柱头方画赭色半方胜。上素方衬赭地，中部画柿蒂，两侧画梭身柿蒂，皆青瓣叠晕。其余部分和彩色与南壁同（图版拾：Ⅱ、拾贰：Ⅱ；插图四三）。

北壁略同东、西壁（图版贰肆）。

室顶即盝顶式的宝盖部分。垂旒相间用赭、青、黄、白四色。其上自下数第一层盝顶坡南北面画柿蒂，东、西面画龟纹柿蒂[89]，皆赭地、青瓣叠晕。第二、三层画赭晕、青晕相间的覆莲瓣。顶心画绛、青二色叠胜（图版拾伍）。

墓的装饰　59

插图四二 〔参看〔86〕〔87〕〕
1. 第一号墓前室南壁彩画
2. 辽宁义县奉国寺辽开泰九年大雄殿内斗上彩画
3. 辽宁义县奉国寺辽开泰九年大雄殿内栱上彩画
4. 内蒙古林东辽庆陵东陵内斗上彩画
5. 内蒙古林东辽庆陵东陵内栱、枋上彩画

插图四三　第一号墓前室东壁彩画

插图四四 （参看〔94〕）
1. 第一号墓后室西北壁上层小斗栱彩画
2. 《营造法式》中的两晕棱间装
3. 清旋子雅伍墨彩画

〔过道〕阑额画赭、青相间的斜格纹。上素方画赭色球纹[90]。两壁正中破子棂窗全部刷染赭色[91]。室顶自下第一层盝顶坡北面画斜格纹，东、西面画球纹，彩色皆同前。余同前室（图版拾肆）[92]。

〔后室〕彩画略同前室，唯铺作中散斗有绘赭地青晕柿蒂一项，为前室所无[93]。东北、西北两壁正中破子棂窗全部刷染赭色。北壁假门也涂赭色。门扇上画蓝色门钉五排，排五钉。并各画蓝色门环一具，门簪面画黄心赭晕柿蒂。室顶即断面作四方抹角素方之上的部分，彩画脱落甚厉，但仍可辨出者有：上层小斗栱下的二层随瓣方，每层画两两相对的淡黄色包角叶四枚，枋心皆刷淡色，正中画青线一道，枋上下棱施青缘道；小斗栱中的补间铺作斗栱面刷青色，外棱施白缘道，栱心正中画白线一道；转角铺作斗彩画略同补间，栱则面刷白色，正中画青线一道，栱外棱也施青缘道；栱眼壁彩画，仅西北壁左侧者尚存痕迹，为施青晕之花卉；又慢栱与柱头枋之间的小栱眼墨画云朵。小斗栱之上的素方彩画与上述随瓣方同，但似无包角叶部分（插图四四）[94]；再上为山花帐头，其彩画与前室各壁之山花帐头同。山花帐头之上即截头六瓣攒尖顶，原亦有画，现皆不存（图版拾陆～拾捌）。

**注释**

〔35〕《营造法式》卷十四《彩画作制度·总制度》条:"衬地之法,凡斗栱梁枋及画壁皆先以胶水遍刷……沙泥画壁,亦候胶水干,以好白土纵横刷之。"此墓壁画、彩画皆在青砖面上刷白土,然后施彩绘。又由此墓画面卷皮剥落部分观察,白土之下当如《营造法式》所记曾遍刷胶水。

〔36〕北宋服饰一般沿唐制,百姓头系头巾,头巾亦名幞头。沈括《梦溪笔谈》(《四部丛刊》续编影印明刻本)卷一《故事》一曾记此事:"幞头一谓四脚,乃四带也。二带系脑后垂之,折带反系头上,令曲折附顶,故亦谓之折上巾……庶人所戴头巾,唐人亦谓之四脚,盖两脚系脑后,两角系额下,取其服劳不脱也。无事则反系于顶上。"四带之制,朱熹曾详记之,《晦庵先生朱文公文集》(《四部丛刊》影印明刻本)卷六十九《君臣服议》:"四脚幞头……用布一方幅,前两角缀两大带,后两角缀两小带,覆顶四垂,因以前边抹额而系大带于脑后,复收后角而系小带于髻前,以代古冠,亦名幞头,亦名折上巾。"此墓壁画中之贡奉财物人、司阍人和侍卫皆系此种头巾,而甬道西壁捧黑色酒瓶人的头巾更画出"无事则反系于顶上"之状。参看〔43〕。

〔37〕壁画中男人衫袍皆圆领,此亦沿唐制。《朱子语类》(石门吕氏刻本)卷九十一《杂仪》:"今世之服,大抵皆胡服,如上领衫……上领服非古服,看古贤如孔门弟子衣服如今道服,却有此意。古画也未有上领者,惟是唐时人便服,此盖自唐初已杂五胡之制矣。"同书卷一百三十八《杂类》:"先生见正甫所衣之衫,只用白练圆领,领用皂。问此衣甚制度,曰是唐衫。"各地所出唐俑和现存唐画人物如韩滉《文苑图》(现藏北京故宫博物院,图见郑振铎《伟大的艺术传统图录》5辑图版3)即多服圆领衫袍。圆领或作盘领,其制北宋末尚流行。陆游《老学庵笔记》(《学津讨原》本)卷二云:"往时执政签书文字卒着帽、衣盘领紫背子,至宣和犹不变也。"

〔38〕壁画中人物所着之衫多开胯,唐名缺胯衫,《新唐书》卷二十四《舆服志》:"太宗时……中书令马周上议,礼无服衫之文,三代之制有深衣,请加襕袖褾襈为士人上服,开胯者名缺胯衫,庶人服之。"宋名四䘳衫。高承《事物纪原》(《惜阴轩丛书》本)卷三《衫》条:"《舆服志》曰马周上议……开胯者名缺胯衫,庶人服之。即今四袴衫也"《古今图书集成》(中华书局影印武英殿铜活字本)《礼仪典》卷三百四十一引宋人《事物纪原》文字与此略同,但作四䘳衫。按四䘳衫为宋代文献中所习见,如《宋会要辑稿》(北京图书馆影印本)《礼》六二:"绍兴十五年(公元1145)十月三日上遣中使颁赐太师尚书左仆射同中书门下平章事秦桧……紫罗单四䘳衫。"因知此四袴当为四䘳之讹。〕

〔39〕甬道壁画马为此三墓之共同题材,疑为当时风尚。盖主人生前出行所必需者。河北平原县上鹰狩杖子村辽墓甬道两壁亦画马与马夫(《文物参考资料》1956年10期《文物工作报导》),内蒙古林东王坟沟辽庆陵东陵墓道东壁侍臣列像外侧也画有鞍马(日人田村实造等《庆陵》I插图61)。又辽宁义县双山口第一号辽墓(此墓系文化部文物管理局发掘队所发掘,报告尚未付印)墓道中出全副

马骨骼一架。又内蒙古赤峰大营子辽故驸马赠卫国王墓所出墓志盖上所列随葬品中有"白马一匹、骢马一匹、骠尾黑大马一十匹、小马二十一匹"（郑绍宗《赤峰县大营子辽墓发掘报告》，《考古学报》1956年3期）。此外，曾慥《类说》（古典文学出版社影印明刻本）卷十三引《使辽录》："房中黑山如中国之岱宗，云房人死魂皆归此山，每岁五京进人马纸各万余事，祭山而焚之，其礼甚严，非祭不敢进也。"《辽史》卷五《礼志·凶仪》条："圣宗朝……诘旦发引至祭所……乃以衣、弓矢、鞍勒、图书、马、驼、仪卫等物皆燔之。"凡此画马、瘗马、烧纸马等事，其意并同。

〔40〕此种高瓶，根据持瓶人头巾所系之卷上墨书"画上崔大郎酒"一语推之，当为盛酒之器。河南安阳天禧镇发现的王用墓，系宋熙宁十年（公元1077）修建，该墓壁画中的台桌上即陈有此物二件（《文物参考资料》1954年8期《文物工作报导》）。《新刊全相成斋孝经直解》[影印日人林秀一藏元至大元年（公元1308）刻本]祭祀附图中的台桌下也陈有此物二件（台桌一词参看〔230〕）。又最近在山西永济永乐镇发现的永乐宫纯阳殿壁上元至正十八年（公元1358）所绘《纯阳帝君神游显化之图》中也有持此种高瓶之侍童。依以上三图的画意度测，也都应是酒器。按此种类型的高瓶，是当时我国北方自河南以北，包括今河南、陕西、山西、河北乃至东北、内蒙古一带民间流行的一种器物，瓷胎者俗称梅瓶或花瓶。如陈万里《宋代北方民间瓷器》图版20所著录的河南禹县扒村窑白釉黑花瓶，缸胎者多出河北、内蒙古，俗称鸡腿坛，如辽宁义县清河门第四号辽墓（李文信《义县清河门辽墓发掘报告》，《考古学报》8册）和1953年7月北京大学文史楼西南发现辽金时代石棺（发掘报告尚未付印）中所出。又袁文《瓮牖闲评》（武英殿聚珍版本）卷六："今人盛酒大瓶，谓之京瓶，乃用京师'京'字，意谓此瓶出自京师，误也。京字当用经籍之'经'，普安人以瓦壶小颈、环口、修腹、受一斗，可以盛酒者，名曰经。则知经瓶者，当用此经字也。"按南北为经，可训为修长，亦正与修腹相应。小颈、环口、修腹与上面所引诸图像、实物形制符合，且袁文南宋初人，时间较近，因疑经（京）瓶者，盖即此物。参看〔243〕。

〔41〕系帷幔之带名组绶。《汉书》卷二十七《五行志》七："解帷组绶佩之。"师古注云："组绶类所以系帷，又垂以为饰也。"

〔42〕宋代上自帝王，下至士庶，仪仗中皆有骨朵。《宋史》卷一百四十四《仪卫志·行幸仪卫》条："凡皇仪司随驾人数，崇政殿只应亲从四指挥，共二百五十二人，执擎骨朵，充禁卫。"同书卷一百五十三《舆服志》五《士庶人舆服之制》条："[景祐三年（公元1036）诏]民间毋得乘檐子及以银骨朵、水罐引喝随行。"内蒙古林东辽庆陵东陵（《庆陵》Ⅱ图版23）和安阳王用墓壁画中以及传世宋画如陈居中《文姬归汉图》（现藏台北故宫博物院，图见《故宫书画集》6期）、宋人《却坐图》（现藏台北故宫博物院，图见《故宫书画集》17期）中皆绘有此物。此物又名杖、瓜（铁制名铁瓜、金色名金瓜）、蒜头（或蒜瓣）等。亦用为军器或刑具。故曾公亮等《武经总要》前集（《四库全书珍本初集》本）

卷十三《器图》、王易《燕北录》(《宋人百家小说》本)等书亦录其图像。其渊源可上推至唐。《唐律疏议》(《四部丛刊》三编影印宋刻本)卷二十九引《狱官令》："杖皆削去节目，长三尺五寸。讯囚杖，大头颈三分二厘，小头二分二厘。常行杖，大头二分七厘，小头一分七厘。笞杖，大头二分，小头一分半。"大、小头即指杖端之"骨朵"。至骨朵一名的来源，《武经总要》前集卷十三《器图》蒜头说明云："蒜头骨朵以铁若木为大首，迹其意本为胍（按胍为胍之讹）肫，大腹也。谓其形如脉（胍）而大，后人语讹以胍为骨，以肫为朵。其首形制不常，或如蒺藜，或如蒜首，俗以随宜呼之。"宋祁《宋景文公笔记》(《学津讨原》本)卷上《释俗》亦云："国朝有骨朵子直，卫士之亲近者。予尝修日历，曾究其义，关中人谓腹大者为胍肫，上孤下都，俗因谓杖头大者亦为胍肫。后讹为骨朵……今为军额，固不可改矣。"参看〔244〕。

〔43〕幞头原为戎服，始于后周。《旧唐书》卷四十五《舆服志》："折上巾……起自魏、周，便于戎事……景龙二年（公元708）……刘子玄进议曰：盖取于便事……贵贱通服折上巾。其制周武帝建德年（公元572—578）所造也。"唐中叶以前皆为软裹，即若前述之头巾。王得臣《麈史》(涵芬楼排印本)卷上《礼仪》："幞头唐谓之软裹。"唐中叶以后士大夫以其不便应急，遂衬以木骨子，并有硬脚之制。毕仲询《幕府燕闲录》(《宋人百家小说》本)："自唐中叶以后，谓诸帝改制，其垂脚二脚或圆或阔，周丝弦为骨稍翘矣，臣庶多效之……自乾符后，宫娥宦者皆用木围头，以纸绢为衬，脚用铜钱为骨〔赵彦卫《云麓漫钞》（北京大学图书馆藏明抄本）卷三亦记此事，此句作："脚用铜铁为骨"〕，就其制成而戴之，取其缓急不便，不暇如平服对照系裹也。"《朱子语类》卷九十一《杂仪》："唐宦官要得常似新幞头，故以铁线插带中，又恐坏其中，以桐木为一幞头骨子，常令幞头高起如新，谓之军容头，后来士大夫学之。"至五代硬脚中有弓脚者。《宋史》卷一百四十四《仪卫志·宫中导从之制》条："唐以前无闻焉。五代汉乾祐中始置。主辇十六人……并服……弓脚幞头，书省二人紫衣弓脚幞头……"，此弓脚幞头疑即孟元老《东京梦华录》(日本静嘉堂文库影印元刊本)卷九《宰执亲王宗室百官入内上寿》条所记之卷脚幞头："生色花衫上领四契义襕束带，各执花枝排定，先有四人裹卷脚幞头……"，《麈史》卷上《礼仪》又记其名曰朝天巾："其所垂两脚稍屈而上曰朝天巾。"此墓壁女乐所戴约即衬以木骨子并作朝天脚之幞头。又女乐幞头额有花饰，盖即《幕府燕闲录》所记之花额、花界道："予幼年尝见先相文简公旧物中有幞头罗一段，织出花额、花界道，必是临时裁剪而为之。"

〔44〕传五代顾闳中《韩熙载夜宴图》(现藏北京故宫博物院，图见郑振铎《韩熙载夜宴图》，《人民画报》1954年3期)中王屋山舞六幺段，韩即亲击此种大鼓。此壁画也置鼓于诸乐中心，且击之者独着紫袍。又陈旸《乐书》(北京大学图书馆藏宋刻元印本)卷一百四十《乐图论·俗部八音》革之属下所绘教坊鼓与此相似。

〔45〕唐宋妇女冠饰甚杂，依此冠形似为《麈史》所记之团冠。《麈史》卷上《礼仪》：

"妇人冠服涂饰增损用舍，盖不可名纪，今略记其首冠之制……编竹而为团者，涂之以绿，浸变以角为之，谓之团冠……又以团冠少裁其两边，而高其前后，谓之山口。"但此作白色为异。

[46] 额发无装饰，或即袁褧《枫窗小牍》（《稗海》本）卷上所谓之方额："汴京闺阁妆抹凡数变。崇宁间，少尝记忆，作大鬓方额。政宣之际又尚急札垂肩。宣和以后，多梳云尖巧额。"崇宁凡五年（公元1102—1106），其元年上距此墓时代——元符二年（公元1099）不过三年。

[47] 莲花冠似始于唐，原为贵者所服。米芾《画史》（《津逮秘书》本）："蔡骃子骏家收《老子度关》，山水、林石、舆从、关令尹喜，皆奇古，老子乃端正塑像，戴翠色莲花冠，手持碧玉如意，此盖唐为之祖，故不敢画其真容。"唐人《纨扇仕女图》（现藏北京故宫博物院，图见《伟大的艺术传统图录》4辑图版9）卷首之贵妇人亦着此冠。迨至五代蜀主王衍令后宫皆戴此装，于是遂行普遍。《五代史记》卷六十三《王衍世家》："（衍）后宫皆戴金莲花冠……国中之人皆效之。"此种冠饰沿至宋代并未衰歇。所以此壁画和太原晋祠圣母殿侍女塑像中都有其形象。又此种莲花冠的渊源，或即由唐人《簪花仕女图》（现藏辽宁省博物馆，图见《伟大祖国古代艺术特展图录》）中所绘贵妇人头顶真实莲花一朵简化而来。

[48] 排箫自汉迄唐皆一端较长，另一端较短。四川成都五代前蜀王建墓石棺床西面浮雕女乐所执的排箫（杨有润《王建墓石刻》，《文物参考资料》1955年3期）和宋初聂崇义《三礼图》（《四部丛刊》三编影印蒙古刻本）卷五、陈祥道《礼书》（北京大学图书馆藏宋刻元印本）卷一百二十六所绘排箫两端始同长。《乐书》卷一百二十一、一百三十、一百四十七所绘雅、胡、俗部诸排箫和南宋人摹五代周文矩《宫中图》（现藏美国弗格美术馆，图见日人矢代幸雄《再说宋摹周文矩宫中图》，《美术研究》169号）中的排箫皆与此墓壁画极似，其下端也都垂有同心结饰。而《乐书》卷一百二十一《乐图论·雅部八音》中之籈箫编管十二，更与此壁画所绘管数相同。

[49] 当时女乐冠饰并不一致。《东京梦华录》卷九《宰执亲王宗室百官入内上寿》条云："女童队入场。女童皆选两军妙龄容艳过人者四百余人，或戴花冠，或仙人髻，鸦霞之服，或卷曲花脚幞头……诸女童队出右掖门……或花冠，或作男子结束，自御街驰骤，竞逞华丽，观者如堵。"

[50] 此壁所画伎乐，必与中间舞者相配合，因知其所奏曲，当为舞曲，亦即大曲。《乐书》卷一百八十四《乐图论·俗部杂乐女乐》下："至于优伶，常舞大曲，惟一工独进，但以手袖为容，蹋足为节，其妙串者，虽风旋鸟骞不蹄其速矣。然大曲前缓叠不舞，至入破则羯鼓、震鼓、大鼓与丝竹合作，句拍益急，舞者入场投节制容，故有催拍、歌拍之异，姿制俯仰，百态横出，然终于倡优诡玩而已，故贱工专习焉。"至于此壁所绘女乐所执之乐器，颇与《辽史》卷五十四《乐志》所记相似："今之散乐，俳优歌舞杂进，往往汉乐府之遗声，晋天福三年（公元938）遣刘煦以伶官来归。辽有散乐，盖由此矣……散乐器觱篥、箫、

笛、笙、琵琶、五弦、箜篌、筝、方响、杖鼓、第二鼓、第三鼓、腰鼓、大鼓、鞚、拍板。"(《辽史》一条承孙楷第先生见告）

[51] 近年安徽、河南、山西、甘肃、河北、内蒙古等地所发现的宋辽金砖墓，壁面多用砖砌出桌椅等物的侧面（王步艺等《安徽六安城外宋残墓清理记略》，裴明相《郑州二里岗宋墓发掘记》，两文皆刊《文物参考资料》1954年6期；吕遵谔《山西垣曲东铺村的金墓》，《考古通讯》1956年1期；郑绍宗《赤峰大营子辽墓发掘报告》，《考古学报》1956年3期）。此种作风的出现，以白沙沙东第一七一号墓墓壁砌出双杌者为早（陈公柔《白沙唐墓简报》）。又中间置高桌，高桌两侧二人对坐椅上的这种风俗，为前所未见。参看[241]。

[52] 此男像所着之冠未露脚，疑即《麈史》卷上《礼仪》所记当时通行之帽："古人以纱帛冒其首，因谓之帽，然未闻其何制也……今贵贱通为一样，但徇所尚而屡变耳。惟以幞头光纱为主，名曰京纱帽，其制甚质，其檐有尖而如杏叶者，后为短檐方二寸许者，庆历以来方服南纱者，又曰翠纱帽者，盖其前顶与檐，皆圆故也。"

[53] 此壁当与东壁合观，为前室壁画的主要内容——墓主人夫妇开芳宴。罗晔《醉翁谈录》（日本影印元刻本）壬集卷一：《红绡密约张生负李氏娘》记张官人夫妇宴饮情况，与此极为类似："彩云更探消息，忽至一巷，睹一宅稍壮丽，门前挂斑竹帘儿，厅前歌舞，厅上会宴。彩云感旧泣下曰：我秀才娘子，向日常有此会，谁知今日穷困如此。因拭泪，于帘下觑见一女子，对坐一郎君，貌似张官人，言笑自若。更熟认之，果然是也。遂问青衣，此是谁家。青衣曰：此张解元宅……常开芳宴，表夫妻相爱耳。"按唐以来饮宴多备乐，至宋相沿成习，施彦执《北窗炙輠录》（《学海类编》本）卷下："东坡待过客。非其人则盛列妓女，奏丝竹之声，聒两耳，自是终宴不交一谈者，其人往返更谓待己之厚也。"亦有乐舞兼备者，《梦溪笔谈》卷五《乐律》一："寇莱公好柘枝舞，会客必舞柘枝，每舞必尽日，时谓之柘枝颠。今凤翔有一老尼，犹是莱公时柘枝妓，云当时柘枝尚有数十遍，今日所舞柘枝比当时十不得二三，老尼尚能歌其曲，好事者往往传之。"甚至更佐以乐色百戏，金盈之《新编醉翁谈录》（《适园丛书》本）卷八《平康巷陌记·潘琼儿家繁盛》条："潘琼儿字琢玉，居南曲中，积资万计……绍圣间，阆州有华姓一举登科……与同年来游琼儿之家……潘一见其才华之美，开华宴，设盛馔以待之……盏次，皆有乐色百戏佐之。"元时此风未歇，故元杂剧中有"筵前无乐，不成欢乐"之类的习见成语，如臧晋叔《元曲选》（《万有文库》影印明刻本）所录关汉卿《杜蕊娘智赏金线池》楔子："（府尹：）筵前无乐，不成欢乐，张千，与我唤的那上厅行首杜蕊娘来，伏侍兄弟饮几杯酒。"又北宋私蓄如东壁所绘女乐之风甚盛，此等私家女乐不仅士大夫家蓄之，而豪富之家往往更甚，《乐书》卷一百八十七《乐图论·俗部杂乐俳倡》上："臣尝观……王侯将相歌伎填室，鸿商富贾舞女成群。"《梦溪笔谈》卷九《人事》一亦记一故事："石曼卿居蔡河下曲，邻有一豪富家，日闻歌钟之声，其家僮仆数十人常往来曼卿之门，曼卿呼一仆，问豪为何人，对曰姓李氏，主

人方二十岁,并无昆弟,家妾曳罗绮者数十人,曼卿求欲见之,其人曰郎君素未尝接士大夫,他人必不可见,然喜饮酒,屡言闻学士能饮酒,意亦似欲见之,待试问之。一日,果使人延曼卿,曼卿即着帽往见之,坐于堂上,久之方出,主人者头巾系勒帛,都不具衣冠,见曼卿全不知拱揖之礼,引曼卿入一别馆,供张赫然,坐良久,有二鬟妾各持一小盘,至曼卿前……既而,二鬟去,有群妓十数人各执肴果乐器妆服,人品皆艳丽粲然,一妓酌酒以进,酒罢乐作……酒五行,群妓皆退,主人者亦翩然而入,略不揖客。"

〔54〕椅下承脚的矮榻,宋名踏床子,或名脚床子。《宋会要辑稿·舆服》一:"英宗治平元年(公元1064)六月六日中枢密院参详列皇太后驾出合设护卫等入御龙直至宽衣天(按为"文"之讹)武人数并同章献明肃太后故事,其抬从物抬衣箱差辇官打椅子、踏床子……"简作踏床,《宋史》卷一百四十四《仪卫志·宫中导从之制》条:"五代汉乾祐中(公元948—950)始置主辇十六人,捧足一人,掌扇四人,持踏床一人,并服文绫袍,银叶弓脚幞头……"或名脚床子,朱彧《萍洲可谈》(《墨海金壶》本)卷一:"宰相礼绝庶官,在都堂,自京官以上则坐,选人立白事。见于私第,选人亦坐,唯两制以上,点茶汤,入脚床子。"传世五代、宋画中时绘此物,如传顾闳中《韩熙载夜宴图》、传李公麟《高会习琴图》(现藏台北故宫博物院,图见《故宫书画集》23期)等。

〔55〕壁面所砌桌椅下部用圆脚,脚上接桌、椅面处设小榙头,皆五代以来的旧制。河北钜鹿所出宋代桌椅〔南京博物院藏桌椅各一,此二物原藏北京历史博物馆,图见杨耀《中国明代室内装饰和家具》(北京大学排印本)插图6〕实物如此,传世五代、宋、金绘画,如传顾闳中《韩熙载夜宴图》、宋人《消夏图》(现藏北京故宫博物院)、刘元《司马槱梦苏小图》(图见郑振铎、张珩:《韫辉斋藏唐宋以来名画集》图版6)等,其中所绘桌椅也如此。又自若旧藏现归北京历史博物馆的宋妇人斫鲙画砖中雕出的木桌也如此。如再上溯,根据敦煌莫高窟壁画,知晚唐桌制极简(如85窟壁画),而椅除如传唐阎立本绘《萧翼赚兰亭图》中高僧所坐之竹椅(图见《伟大祖国艺术传统图录》4辑图版6)外,却较复杂,最特殊处是横木与小柱,椅脚相接处,介以栌斗(如196窟壁画),此种作法,又见于日本奈良法隆寺藏传藤原时代(晚唐—南宋)所绘的《十六罗汉图》(东京美术学校《南都十大寺大镜》7辑《法隆寺大镜纲封藏》篇三图版18)和日本高野山《金刚峰寺》藏传藤原时代藤原隆能所绘《真如法亲王画像》中(日人志田不动磨《日本とアヅア大陆との关系》,《新修日本文化史大系》卷四《平安前期文化》322页图)。又桌宋制脚低并侧脚,如钜鹿所出和前引宋画所绘,而此壁所砌脚虽低小,但未外侧,疑因砖砌所限。题黄伯思《燕几图》(前中法汉学研究所图书馆藏明刻《说郛》本):"卓脚以低小而雅……俗工每泥已见,为卓必放脚阔,两卓相并中即开缝,须当敛下,广狭与上同,则纵横布置无不齐矣。"按《燕几图》撰人虽有问题,然就其中所记桌几之制与已见录于《说郛》诸点推察,其为宋元间书可以无疑,是其时去此墓尚近,

然则此砖砌桌无侧脚，亦有所本欤？

〔56〕使用注子始于晚唐，李匡乂《资暇集》（《顾氏文房小说》本）卷下《注子偏提》条："元和初，酌酒犹用樽勺，所以丞相高公有斟勺之誉，虽数十人，一樽一勺，挹酒以散，了无遗滴。居无何，稍用注子，其形若罃而盖、嘴、柄皆具。太和九年（公元835）中贵人恶其名同郑注，乃去柄安系，若茗瓶而小异，目之曰偏提，论者亦利其便，且言柄有碍而屡倾仄，今见行用。"宋金人沿其称。王铚《默记》（涵芬楼排印本）卷上："（太宗次子昭成太子元僖封许王）娶功臣李谦溥侄女，而王不喜之，嬖惑侍妾张氏……阴有废嫡立为夫人之约，会冬至日，当家会上寿，张预以万金令人作夹挟金注子，同身两用，一着酒，一着毒酒，来日早入朝贺，夫妇先上寿，张先斟王酒，次夫人，无何，夫妇献酬，王互换酒饮……（王卒），擒张及造酒注子人凡数辈。"又曾慥《高斋漫录》（《墨海金壶》本）："欧公作王文正墓碑，其子仲仪谏议送金酒盘醆十副，注子二把。"《营造法式》卷十二《旋作制度·照壁版宝床上名件》条、卷二十四《诸作功限·旋作照壁宝床等所名用件》条皆记注子、注碗、酒杯、杯盘等。或简呼作注，江少虞《皇朝事实类苑》（诵芬室影印日本元和活字本）卷七十一《丁晋公》条引僧文莹《湘山野录》："夏竦以知制诰为判官，一日宴官僚于斋厅，有杂手伎，俗谓弄椀注者，献艺于庭"（按此条不见今本《湘山野录》）。又董解元《西厢记诸宫调》（《传奇汇刻》本）一《恋香衾》曲："饭罢须臾却卓几，急令行者添茶，银瓶汤注，雪浪浮花"。其物图像：传唐胡瓌《卓歇图》（现藏北京故宫博物院）中已有金铜制者，但其形体甚大，嘴亦细长；其后见于传五代顾闳中《韩熙载夜宴图》、宋李嵩《水殿招凉图》、宋徽宗赵佶《文会图》（李、赵二图现藏台湾，李图见文化部文物管理局所藏照片，赵图见教育部第二次全国美术展览会管理委员会《晋唐五代宋元明清名家书画集》图版23）中者始与此砖砌注子形制略同；至于朝鲜京城李王家博物馆所藏高丽时代（宋元）青瓷注子（《李王家博物馆所藏品写真帖》图457）、日人麻生多贺吉所藏宋白瓷注子（日人小山富士夫《宋白磁水注》，《国华》707号）实物，则与此极相似，而三者注盖又同雕蹲兽为饰，更足说明当时器物装饰之风尚。

〔57〕程大昌《演繁露》（《学津讨原》本）卷十五《托子》条："台琖亦始于盏托，托始于唐，前世无有也。崔宁女饮茶，病盏热熨指，取楪子，融蜡象盏足大小而环结其中，寘盏蜡（按蜡下疑脱中字），无所倾侧，因命工髹漆为之。宁喜，其为名之曰托，遂行于世，而托子遂不可废。今世托子又遂著足，以便插取，间有隔塞其中，不为通管者，乃初时楪子环蜡遗制也。"崔宁女故事《资暇录》卷下《茶托子》条记在唐建中（公元780—783）崔宁为蜀相时，是托子起源当在建中以后。又此墓所雕托子缘作荷叶形，其制《资暇录》亦云始于唐，前引《茶托子》条注云："贞元（公元785—805）初，青郓油袷为荷叶形，以衬茶椀，别为一家之楪，今人多云托子始此，非也。"至于托子实物，洛阳涧西第一一一号墓（熙宁三年贾氏墓，河南文物工作队第二队所发掘，报告尚未付印）曾出有瓷制者（洛阳周公庙陈列馆陈列品），英人大维德藏有青瓷托子

（英人霍蒲孙《大维德所藏中国陶瓷图录》图版4），赤峰辽卫国王驸马墓曾出有瓷制和银制者（郑绍宗《赤峰县大营子辽墓发掘报告》），朝鲜京城李王家博物馆藏有银制者（《李王家博物馆所藏品写真帖》图版197），日本奈良法隆寺藏有铜制者（《南都十大寺大镜》11辑《法隆寺大镜御物篇》三图版65）。又锦州博物馆陈列辽墓所出红定托子一件，最为精致。至于传唐阎立本《萧翼赚兰亭图》（图见《伟大的艺术传统图录》4辑图版7）所绘当如《演繁露》所记的"髹漆为之"者。

〔58〕屏心画水波纹，似为当时流行的作风，除此壁所画二屏外，第三号墓西南壁上的屏风、太原晋祠圣母殿圣母座后的屏风和传宋李公麟《高会习琴图》、苏汉臣《靓妆仕女图》（现藏美国波士顿美术馆，图见《波士顿美术馆藏支那画帖》图版74）中的屏心亦都绘水波纹。按屏壁绘水苏轼记晚唐孙位创新意，《经进东坡文集事略》（《四部丛刊》影印宋刻本）卷六十《书蒲永昇画后》："古今画水多作平远细皱……唐广明中（公元880—881）处士孙位始出新意……号称神逸。其后蜀人黄筌、孙知微皆得其笔法。始知微欲于大慈寺寿宁院壁作湖滩水石四堵，营度经岁，终不肯下笔，一日，仓皇入寺，索笔甚急，奋袂如风，须臾而成，作输泻跳蹙之势，汹汹欲崩屋也。"（此条承孙贯文先生见告）至宋已极流行，郭若虚《图画见闻志》卷四（《四部丛刊》续编影印宋刻本）《杂画门》著录以水或龙水名者九家。其中蒲永昇，前引苏轼文中记云："近岁成都人蒲永昇嗜酒放浪，性与画会，始作活水，得二孙（按即孙位、孙知微）本意，自黄居寀兄弟，李怀衮之流皆不及也……尝与余临寿宁院作水二十四幅，每夏日挂之高堂素壁，似阴风袭人，毛发为之立。"邓椿《画继》（《学津讨原》本）卷四："间丘秀才江南人，不记名，长于画水，无所宗师，自成一家。尝画五岳观壁，凡作水先画浪头，然后画水纹，顷刻而成，惊涛汹涌，势欲掀壁。"周密《志雅堂杂钞》（《学海类编》本）卷十："北关接待寺……有古观音殿……其高壁一堵，作水波，颇有汹涌意，盖毗陵太平寺之类。"俗传水从龙，画水因多着龙。黄休复《益州名画录》（《函海》本）卷上："今石牛庙（黄筌）画龙水二堵，见存。"同书卷中："武侯庙画龙水一堵，并（黄）居寀笔，见存。……淳化四年（公元993）……时齿六十一，于圣兴寺新禅院画龙水一堵。"《图画见闻志》卷四记御屏画龙水："任从一，京师人，仁宗朝为翰林待诏，工画龙水海鱼，为时所赏，旧有金明池水心殿御座屏扆画出水金龙，势力遒怪。今建隆观翊都院殿后有所画龙水二壁。"同书卷四又记："荀信，江南人，工画龙水，真宗朝为翰林待诏，天禧中（公元1017—1021）尝被旨画会灵观御座屏扆看（疑为之讹）水龙，妙绝一时，后移入禁中。"金人袭宋习，范成大《揽辔录》（涵芬楼排印《说郛》本）记乾道六年［金大定十年（公元1170）］入金见世宗："房主幞头，红袍玉带，坐七宝榻，背有龙水大屏风。"至于一般人家或有粘板印者，前引苏轼文云："古今画水……其善者不过能为波头起伏，使人至以手扪之，谓有洼隆，以为至妙矣，然其品格，特与印板水纸争工拙于毫厘间耳。"揆其取意，盖出于厌胜，汤垕《画鉴》（涵芬楼排印《说

郛》本）云："常州太和寺佛殿后有徐友画水，名清济贯河，中有一笔寻其端末，长四十丈，观者异之……兵火间，寺屋尽焚，而此殿巍然独存，岂水能厌之邪。"此习相沿甚久，明末清初赵州柏林寺尚以印板水名，周亮工《因树屋书影》（怀德堂刻本）卷四曾述其事，并论河南之俗云："相传人家粘画水多能厌火，故古刹壁上多画水，常州太平寺佛殿后壁上有徐友画水……赵州柏林寺有吴道子画水，在殿壁后，至今犹存。吾梁（按亮工祥符人）人家无贵贱好粘赵州印板水，照墙上无一家不画水者。汴水滔天，后人又以画水为恶兆，余谓群分未必有功，类聚亦不任咎，请置此水于功罪外。"（《因树屋书影》一条承孙贯文先生见告。）

[59] 唐人《纨扇仕女图》中所绘唾壶、辽宁义县清河门第一号辽墓（佐移离毕萧相公墓，李文信《义县清河门辽墓发掘报告》）所出白瓷唾壶、朝鲜京城李王家博物馆所藏青瓷唾壶（《李王家博物馆所藏品写真帖》图版460）和日本正仓院所藏的绀琉璃唾壶［《东瀛珠光》3辑图版136。该物的入藏年代见《东大寺别当次第》（《群书类丛》本）传灯大法师《朝晴》条："治安元年（北宋真宗天禧五年，公元1021）……十月一日前卫门尉平致经施入绀琉璃唾壶，有由缘，仰藏纳之。"］皆与此壁画所绘极似。又捧唾壶之侍童，为宋元墓壁画中所习见。除此外，1954年山西大同卧虎沟发现的二座元墓（二墓系大同文物保管委员会所发掘，报告尚未付印）皆有此内容。墓室壁画是实际生活的写照，所以南宋初赵智凤于四川大足宝顶山所雕之地狱变相中（《大足石刻图征》初编，刊民国《大足县志》卷首）、元至治间（公元1321—1323）所刻《新刊全相秦并六国平话》（日本影印本）卷上《始皇令王翦伐赵图》中秦始皇侧和山西永济永乐宫纯阳殿元至正十八年（公元1358）所绘《纯阳帝君神游显化之图》中《神化度曹国舅》幅内曹皇后之侧皆绘有捧持此种唾壶的侍童一人。

[60] 高髻施鬟，疑即朱熹所述之特髻。《朱子语类》卷九十一《礼杂仪》："妇人环髻，今之特髻，是其意也。不戴冠。"特髻系假髻，可以假借，洪迈《夷坚乙志》（涵芬楼排印本）卷三《王夫人斋僧》条："近从它人假大衣特髻，方得入拜庭下。"特髻可施冠，见《东京梦华录》卷三《相国寺内万姓交易》条："两廊皆诸寺师姑卖绣作领抹花朵、珠翠头面、生色销金花样、幞头帽子、特髻冠子、绦线之类。"

[61] 背子之制，斜领、开胯、短袖。《演繁露》卷八《背子》条："……斜领交裾与今长背子略同，其异者，背子开胯……"，《事物纪原》卷三《背子》条："其制袖短于衫，身与衫齐"，与此妇人所服符合。女人服背子亦有辨识尊卑之意。《朱子语类》卷九十一《礼杂仪》："或曰《苍梧杂志》载背子近年方有，旧时无之……女子无背，只是大衣……背子乃婢妾之服，以其在背后，故谓之背子。"谢维新《古今合璧事类备要》外集（北京大学图书馆藏明刻本）卷三十五《背子》条："妇人背子本婢妾之服，以其行直主母之背故名焉。今亦习俗相承，为男女辨贵贱之服。"图中着背子之妇女捧盒侍立于女坐像之侧，依此观察，其身份亦极似婢妾。

〔62〕宋代此类细长高瓶，多设瓶座承之。宋人《胆瓶秋卉图》（现藏北京故宫博物院）中之瓶座与此极似。

〔63〕唐宋间金银形式多作铤形。《唐六典》（扫叶山房刻本）卷二十《太府寺》条："以二法平物，一曰度量，二曰权衡……绢曰匹，布曰端……金银曰铤。"黄休复《茅亭客话》（《学津讨原》本）卷六《金宝化为酒》条记其形制："……因掘得一处古藏，银皆笏铤，金若墨铤。"是金铤较小，银铤较大。此二物图像见于《营造法式》卷三十三《彩画作制度》图样上五彩琐纹、碾玉琐纹中，并且小金铤都二枚相叠作十字形，银铤都两端宽厚，与此墓所画的二种形式极同。最近安徽安庆东郊发现南宋降将元范文虎墓，墓中出有小木柜一件，内盛金银饰物，其中有金十字八枚（白冠西《安庆市棋盘山发现的元墓介绍》，《文物参考资料》1957年5期），此金十字即此墓壁与《营造法式》所绘之实物。此外南宋以来印本书籍所附之版画中的金银，也多作十字相叠的铤形，如南宋刻《佛说寿生经》和元补刻《赵城藏》的《说法图》扉画中，释迦座前所现的金银琉璃诸宝中的金银（郑振铎《中国版画史图录·唐宋元版画集》）、南宋临安贾官人宅刻《佛国禅师文殊指南图赞》（《吉石庵丛书》初集影印本）"善财童子往参诸圣处所见无量宝"附图中的金银以及著名的《淳化阁帖大王帖》上的银铤镮痕〔图见中华书局影印宋拓《淳化阁帖》。参看郑兴裔《郑忠肃奏议遗集》（《四库全书珍本初集》本）卷下跋《淳化帖》〕（《淳化阁帖》影印本系承孙贯文先生见告。郑兴裔文系承邓广铭先生见告）皆作两端宽厚的铤形。又元至治间（公元1321—1323）所刊《新刊全相平话乐毅图齐七国春秋》后集（日本影印本）卷下图14《四国顺齐图》中所刻四国所奉之金宝有作铤形者，也有两端作圆弧形者。又罗振玉《金泥石屑》（《艺术丛编》本）卷上著录之宋潭州清化县银铤实物和1953年大同拆除南城门发现元代残石莲座一具（现藏大同善化寺），座面所雕的银铤两端皆作圆弧形，此种两端作圆弧形的银铤，约是从上面所记两端较宽厚者所演出。又地上画金银铤，除前引宋元版画外，又见于宋白釉黑花镇宅大吉陶枕（陈万里《陶枕》图版17），其用意疑与明清流行的"金银满地"吉祥图画有关。当时金银形式也有作饼形者，如《新唐书》卷二百二十四下《高骈传》云："令曰：斩一级，赏金一饼。"又如徐铉《稽神录》（涵芬楼排印本）卷五《蔡彦卿》条："卢州军吏蔡彦卿为拓皋镇将，暑夜坐镇门外纳凉，忽见道南桑林中有白衣妇人独舞，就视即灭。明夜彦卿扶杖先往，伏于草间，久之，妇人复出而舞，即击之坠地，乃白金一饼。"

〔64〕《武经总要》前集卷十三《器图》有弓、箭、弓袋、箭靫等图，图后附弓袋、箭靫说明云："右以皮革为之，随弓弩及箭大小、长短用之。"《武经总要》图和传唐胡瓌《番骑图》（现藏北京故宫博物院）、传宋陈及之《便桥会盟图》（现藏北京故宫博物院）和内蒙古林东辽庆陵东陵壁画（《庆陵》I插图11）中的弓袋、箭靫与此墓所绘极似。

〔65〕《武经总要》前集卷十三《器图》有铁简图，附说明云："又有作四棱者，谓之铁简，言方棱似简形，皆鞭类也。"有剑图，剑端装饰甚繁，附说明云："饰有

银、鍮石、铜、素之品。"枪有九色，和壁画中东侧枪相似者，有梭枪，梭枪说明云："别有锥枪、梭枪、槌枪者，其刃为四棱，颇壮锐，不可折，形如麦穗，边人谓之麦穗枪。"

[66] 宋代帐下流苏喜用盘线绘绣球纹。《皇朝事实类苑》卷六十二《罨画流苏锡销》条引张师正《倦游杂录》云："昔之歌诗小说多言罨画流苏者，询之朋游，莫知其状……向在京师常到州西，过一委巷，憩茶肆中，对街乃赁凶具之家，命其徒拆卸却流苏，乃是四角所系盘线绘绣之球，五色昔谓之同心而下垂者［按叶廷珪《海录碎事》（北京大学图书馆藏明刻本）卷五引《倦游录》此句作：'五色错为之同心而下垂者是也'］。流苏帐者，古人系帐之四隅以为饰耳。"《清平山堂话本》（古今小说书籍刊行会影印明刻本）《快嘴李翠莲》记："先生捧着五谷，随进屋中，新人坐床，先生拿起五谷念道……撒帐西，锦带流苏四角垂。"题陈元靓《纂图增新群书类要事林广记》［北京大学图书馆藏，元至元六年（公元1340）刻本］乙集卷下《家礼》类《昏礼撒帐致语》中亦记此词，文同不录。又同书乙集卷下所附《丧祭器具之图》图中记竹格云："以竹为格，以彩结之，上如撮蕉亭，施帷幔，四角流苏。"图中绘出的流苏与此甬道壁画相同。日本大阪山中商会所窃宋墓壁画画中帐下绘流苏，其形式也与此同（《东西古甸金石展观》）。又此流苏主要部分作球形，因又名香球。马端临《文献通考》卷一百七《王礼考·朝仪宋御赐宴之仪》："陈锦绣帷帘垂香球。"

[67] 其状极类《营造法式》卷三十二《小木作制度·图样》中山华蕉叶佛道帐顶上之蕉叶饰。宋人喜用此种饰物，凡家具什物多着此饰，即以此墓为例，除此外，后室东南壁之衣架、西北壁之钉头、西南壁之镜台上部皆饰以蕉叶形。

[68] 此线球与其上帷幔下所系流苏线球略同，但就其挂于小架上观察，其用当与流苏有别，宋白釉孩儿枕（《陶枕》图版13）上所雕之线球、宋白釉黑花镇宅大吉陶枕（《陶枕》图版17）所绘之线球和河北石家庄烈士陵园金大定二十四年（公元1184）刁大哥等人所铸铁狮子怀中之线球（河北省文化局《河北名胜古迹》页39图），以及元人《揭钵图》（现藏北京故宫博物院）其中一鬼子所执之玩具小球，与此极似。

[69] 当时衣服多陈衣架上，《司马氏书仪》卷二《冠仪》："公服衫设于椸"注："椸音移，衣架也。"陈师道《后山丛谈》（《学海类编》本）卷二："开封常得剧盗，言……贵家喜陈衣而架，有帕使可包覆。"又衣架顶横木名上搭头或上搭脑，《鲁班经》（鸿文书局排印本）："衣架雕花式……上搭头每边长四十四分……素衣架式……上搭脑出头二十七分。"

[70] 此种高几和宋徽宗赵佶绘《听琴图》（现藏北京故宫博物院，图见《伟大的艺术传统图录》6辑图版7）、宋人《浣月图》（现藏台湾，图见伦敦中国艺术国际展览会筹备委员会《参加伦敦中国艺术国际展览会出品图说》3册图版48）中的高几形制相近。按高几的出现，以此三图为最早。

[71] 此种细高灯檠，又见于郑州二里岗宋墓、郑州柿园宋墓、郑州南门外宋墓（后两墓为河南省文物工作队第一队所发掘，报告尚未付印）。当为当时流行之形

式。周密《癸辛杂识》(《学津讨原》本)别集卷下《杨髡发陵》条:"乙酉……十一月复发掘徽钦高孝光五帝陵……钦陵有木灯檠一枚而已。"因知墓中随葬灯檠,约为当时风尚。当时灯檠除周密所记木制者外,尚有铁制者,《稽神录》卷四《孙德道》条:"舒州都虞侯孙德道,其家寝室中铁灯檠,忽自遥动,如人撼之,至明日,有婢偶至灯檠处,忽尔仆地遂卒。"此处和柿园墓壁所绘灯檠细长,疑即摹仿铁制者。

〔72〕郑州南门外宋墓壁上砖砌镜台与此相似。按此种镜台当渊源于高镜台。《老学庵笔记》卷四:"今犹有高镜台,盖施床则与人面适平也",这种施于床上的高镜台,其形式约与《正统道藏》本《云笈七签》卷七十二《内丹明药色》条中所绘的镜台同(正统藏源于元藏,元藏又上因金藏,而金藏本为宋致和藏的补刻版,因疑正统藏所附版画当为辗转摹自北宋《道藏》)。

〔73〕巾架当时或作帨架,《司马氏书仪》卷四《婚仪》下:"执事者,设盥盆于堂阼下阶,帨架在下",同书卷二《冠仪》注"帨,手巾也"。

〔74〕河南唐宋墓中,时出有以剪、熨斗,或剪、熨斗、尺为一组的缝纫用具,前者如洛阳十六工区七六号墓(河南文物工作队第二队《洛阳十六工区七六号唐墓清理简报》,《文物参考资料》1956年5期),后者尚无实物例证,但郑州二里岗宋墓和南门外宋墓皆在墓壁上用砖雕出此三种用具嵌在一砖雕衣架之下,并且排列整齐。此墓壁面上亦绘出此等用具,皆系用以代替实物。不过此壁壁画下部漫漶,剪、熨斗之外是否尚绘有尺,已不可知。

〔75〕唐、宋时代,凡墓室、与墓同性质的佛塔以及佛塔式的经幢,多雕或绘作"妇人启门"装饰。最早之例,为陕西长安樊川竹园村唐代石塔和山东长清灵岩寺唐惠崇塔(罗哲文《灵岩寺访古随笔》,《文物参考资料》1957年5期),其次是北京西山所出辽开泰九年(公元1020)澄赞上人舍利舌塔幢(北京大学图书馆藏拓片)和河北赵县城内北宋景祐五年(公元1038)经幢(文化部文物管理局藏照片)。白沙宋墓已至北宋末,郑州柿园宋墓较白沙尤晚。及至南宋、金时,此种装饰更为通行。西至四川南溪李庄宋墓(王世襄《四川南溪李庄宋墓》,《中国营造学社汇刊》7卷1期)、四川宜宾旧州坝宋墓(莫宗江《宜宾旧州坝白塔宋墓》,《中国营造学社汇刊》7卷1期),南至贵州遵义高坪乡宋墓(贵州省博物馆筹备处《贵州遵义专区的两座宋墓简介》,《文物参考资料》1955年9期)、贵州桐梓宋墓(《文物参考资料》1956年8期《文物工作报导》),北至河北新城所出金大定九年(公元1169)东上阁门副使时昌国石棺(北京大学图书馆藏拓片)、河北井陉金(?)下寺塔(《河北名胜古迹》页31图)、山西垣曲东铺村金大定二十三年(公元1183)墓(吕遵谔《山西垣曲东铺村金墓》)、山西浑源圆觉寺金代砖塔(宿白《浑源古建筑简报》,《雁北文物勘查团报告》)、山西绛县裴家堡金(?)墓(张德光《山西绛县裴家堡古墓清理简报》,《考古通讯》1955年4期)、山西太原龙山昊天观4窟(文化部文物管理局藏照片)等处皆在沿用,并且踵事增华,如改唐以来之版门作格子门,又如四川宜宾旧州坝宋墓的启门妇人双手持衾盒等。此种装饰当时又曾东传朝鲜,而成为高丽时代初期

（五代北宋）铜镜背面所常见的纹饰，如朝鲜京城李王家博物馆藏人物殿堂菱花镜、龙树佛图圆镜等（《李王家博物馆所藏品写真帖》图版249）。南宋以还，逐渐衰歇，山西崞县元延祐七年（公元1320）墓所出妇人启门浮雕砖（日人水野清一等《山西古迹志》图版32∶1）、河北邢台南肠街明代石牌楼南面所雕妇人启门、河南郑州城隍庙（现郑州高工校址）正殿前假山石上清代琉璃二层楼阁上层阁门雕出之妇人启门与北京海淀善缘桥民国年间所雕石香炉，炉盖正面雕聚仙洞，其洞门浮雕小童启门等，皆是其流裔，按此种装饰就其所处位置观察，疑其取意在于表示假门之后尚有庭院或房屋、厅堂，亦即表示墓室至此并未到尽头之意。1953年北京西郊发现辽墓一座，其后壁彩绘门二扇，敞开，露一床，床上似有人踞坐（周耿《介绍北京市的出土文物展览》，《文物参考资料》1954年8期），其意当与此同。又妇女倚门在宋时是极为流行的一种幽美动人的题材，当时许多词曲中都有其描述：如王明清《玉照新志》（涵芬楼排印本）卷二："《冯燕传》见之《丽情集》，唐贾耽守太原时事也。元祐中（公元1086—1093）曾文肃帅并门，感叹其义风，自制水调歌头，以亚大曲……排遍第二……曳红裳，频推朱户，半开还掩似欲倚，咿哑声里，细诉深情"；又如《董西厢》一《点绛唇》："花木阴阴，偶过垂杨院，香风吹，半开朱户，瞥见如花面……"吕士雄等《南词定律》（北京大学图书馆藏康熙内府刻本）卷六引《柳耆卿诗酒翫江》楼《驻马听》："悄悄朱扉独倚，专等个人来至。"南宋画院也取为题，作卷轴画，《画继》卷十《杂说论近》："画院界作最工，专以故意相尚，尝见一轴，甚可爱玩，画一殿廊，金碧幌耀，朱门半开，一宫女露半身于户外、以箕贮果皮作弃掷状，如鸭脚、荔枝、胡桃、榧、栗、榛、芡之类，一一可辨，各不相因，笔墨精微有如此者。"又此题材之渊源，似可远溯至东汉，四川芦山所出建安十七年（公元212）王晖石棺其前壁所雕（闻宥《四川汉代画像选集》图版49）与最近俞伟超同志见告江苏徐州云龙山所存徐州双沟新出汉画像石中一楼阁下层所雕出者皆是。

〔76〕此种卷草，疑即《营造法式》卷十二《雕作制度·剔地洼叶华》条所记之"卷头蕙草"。

〔77〕《营造法式》卷十四《彩画作制度·丹粉刷饰屋舍》条："门窗之类皆通刷土朱。"

〔78〕此墓甬道、前室、过道、顶心皆作长方形，其上画叠胜，其制与《营造法式》卷三十二《雕木作制度图样》平棋钩阑中之罗文叠胜略同。墓门、屋脊和甬道顶所画之叠胜间用黄色，亦见《营造法式》卷十四《彩画作制度·解绿装饰屋舍》条："柱头及脚并刷朱，用雌黄画方胜……"。

〔79〕柱头箍头墨线内画柿蒂，与江苏江宁祖堂山李昪墓前室倚柱（纪思等《南唐二陵装饰艺术》，《古建通讯》1965年1期。李昪墓彩画皆据此文，以下不具注）、日本天治元年〔宋徽宗宣和七年（公元1125）〕建陆中中尊寺金色堂部分内柱（日人天沼俊一《日本建筑史图录》1册图版352、355、日人田中重久《日本壁画の研究·中尊寺光堂の柱绘》）的彩画或嵌钿纹饰略同，但后二者为一整两破的形式。又此处所用柿蒂瓣尖内向，与上述实例及《营造法式》卷三十三

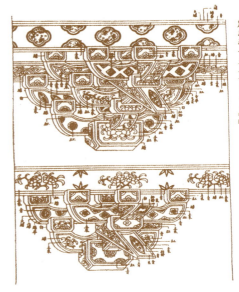

插图四五 （参看[85][90][93]）
1.《营造法式》中的五彩装饰地锦
2.《营造法式》中的解绿结华装

《彩画作制度·图样》上所画瓣尖皆向外者稍异，而与敦煌莫高窟唐窟边饰（北京文物整理委员会《中国建筑彩画图案》附图3）、林东辽庆陵东陵彩画中之柿蒂（《庆陵》I插图39、40、101—103。庆陵东陵彩画皆据此，以下不具注）相同。

[80]《营造法式》卷十四《彩画作制度·五彩遍装》条记柱头、柱身作细锦："凡五彩遍装柱头作细锦……柱身自柱櫍上亦作细锦，与柱头相应，锦之上下作青红或绿叠晕一道，其身内作梅及石榴等华。"此墓倚柱头、身多作柿蒂，约亦细锦花纹之一种。又此柱身花纹与前引李昇墓前室倚柱、《营造法式》卷三十三《彩画作制度·图样》上五彩杂花中所画之梭身合晕皆近似，但略为简单。

[81] 李昇墓前室倚柱柱头和柱脚皆画莲花。此处只画在柱脚，似与《营造法式》卷十四《彩画作制度·五彩遍装》条和《碾玉装》条所记："凡五彩遍装之櫍作青瓣或红瓣叠晕莲华""櫍作红晕或青晕莲华"有关，即此专画在柱脚者，当为摹拟柱櫍。又1933年于大同云冈第5窟东侧兴建云冈别墅时，发现束莲石櫍（梁思成等《大同古建筑调查报告》，《中国营造学社汇刊》4卷3、4合期），依莲瓣形式知为辽金时物可以与此参较。

[82] 此墓额、枋、铺作以及墓顶多画方胜、半方胜、四半方胜，其制与《营造法式》

卷十四《彩画作制度·五彩遍装》条: "方胜……宜于方、桁、斗栱内……相间用之"符合。

〔83〕此种彩画,疑源于如敦煌莫高窟、安西榆林窟现存宋初窟檐上额、柱中间的束莲彩画。束莲彩画施于柱中间者,宋初以降先行淘汰,施于额、方中间者,逐渐与后起的籙头相混而成如此墓之形式。又与此墓形式相同者有辽庆陵东陵墓门通替木和前室普拍方上的彩画,但庆陵彩画在籙头间画柿蒂,不作四半方胜与此为异。

〔84〕此墓大小斗斗欹处多画仰莲。《营造法式》卷十四《彩画作制度·五彩遍装》条: "莲荷花……宜于梁、额、撩檐方、椽、柱、斗栱、材、昂、栱眼壁……皆可用之。" 同书卷十四《彩画作制度·解绿装饰屋舍》条: "斗下莲华,并以青晕",皆与此合。按现存宋代实物中,尚未发现此种彩画,不过多存宋制的山西永济永乐宫三清殿和日本天喜元年[宋仁宗皇祐五年(公元1053)]建京都平等院凤凰堂(日人福山敏男等《平等院图鉴》图版46—52、118—120、123—124)、日本藤原时代重建的京都法界寺阿弥陀堂(《日本建筑史图录》1册图版304、《日本壁画の研究·法界寺阿弥陀堂の壁画》)等处大小斗斗欹彩画多用仰莲。又此制在河南、山西一带的近代寺庙建筑中尚多沿用。

〔85〕小斗画四分之一柿蒂,与《营造法式》卷三十四《彩画作制度·图样》中五彩装净地锦上之小斗彩画同(插图四五:1)。辽宁义县辽开泰九年(公元1020)所建奉国寺大雄殿殿内所存辽代彩画小斗多画各种柿蒂(日人关野贞等《辽金时代の建筑と其佛像》图版上册图版14、15、19—21、26、27。奉国寺大雄殿彩画皆据此,以下不具注),其式与此墓和《营造法式》所记略有异同。又李昇墓小斗上部画柿蒂,欹部画半柿蒂,大斗上部画柿蒂和四分之一柿蒂,欹部画半柿蒂与四分之一柿蒂。

〔86〕栱画柿蒂与义县奉国寺大雄殿辽代彩画同。赭色斜格纹疑为当时的龙鳞锦纹,龙鳞锦见《文献通考》卷一百十三《王礼考·君臣冠冕服》章: "宋朝之制,天子之服有衮冕……冕版以龙鳞锦表……仁宗景祐二年(公元1035)八月诏……冕顶以青罗表。绘龙鳞,以代龙鳞锦。"又见《宋史》卷一百五十一《舆服志》三,文字略同不录。

〔87〕此墓栱眼壁皆画牡丹,与《营造法式》卷十四《彩画作制度·五彩遍装》条: "牡丹花……宜于梁、额、撩檐方、椽、柱、斗栱、材、昂、栱眼壁……皆可用之"所记符合。

〔88〕此种形式的柿蒂,不见于《营造法式》,但与内蒙古林东辽庆陵东陵前室栌斗、散斗上的柿蒂相似。又第三号墓一部分散斗彩画亦为此种菱纹柿蒂。

〔89〕龟纹即外围作六角形的花纹,亦为锦罗纹样之一种(参看〔93〕附表)。《营造法式》卷十四《彩画作制度·五彩遍装》条琐纹六品中有"罗地龟文""六出龟文""交脚龟文"等。敦煌莫高窟宋初窟檐和日本京都凤凰堂(《日本建筑史图录》1册图版281、297,《平等院图鉴》图版49、83)中均有此种彩画。

〔90〕《营造法式》卷十四《彩画作制度·解绿装饰屋舍》条有球纹锦彩画: "柱头及

脚……或以五彩画四斜或簇六球纹锦"，球纹形式见《营造法式》卷三十二《小木作制度·图样》中格子门、平棋等项及卷三十四《彩画作制度·图样》下五彩遍装名件中净地锦五铺作、四铺作之撩檐方彩画（插图四五∶1），皆与此同。

〔91〕《营造法式》卷十四《彩画作制度·丹粉刷饰屋舍》条注："其破子窗、子桯……正侧……并刷丹。"

〔92〕此种合斗的上部和敧部画一柿蒂，而四隅又各画四分之一柿蒂的彩画形式又见于辽庆陵东陵前室。按各种柿蒂纹饰为此墓彩画中的主要题材，此种题材，自晚唐以来，即风行全国，并且远播海东，为日本藤原时代所习用，其例除上述中尊寺金色堂外，天历六年〔周太祖广顺二年（公元952）〕建京都醍醐寺五重塔初层（《日本建筑史图录》1册图版251—252、《日本壁画の研究·醍醐寺五重塔の壁画》）和京都平等院凤凰堂（《平等院图鉴》图版118—120）彩画中皆有所谓"四瓣唐花"即其繁缛形式。

〔93〕此墓彩画除后室室顶小斗栱部分外，据〔80〕、〔82〕、〔83〕、〔85〕、〔86〕、〔87〕、〔89〕等注知其花纹题材与施彩画的位置多与《营造法式》所记五彩遍装之制相同或相似（插图四五∶2），但用色则较五彩遍装为简，仅有赭、青、白三主色，间用淡黄和墨绿，赭色几为全部地色，青和青晕几为全部花色，赭青之间或外棱用白色，在用色上可以青代绿或用青略绿，则此墓之彩画制度即可进一步明确，即与《营造法式》卷十四《彩画作制度·解绿装饰屋舍》条中之"解绿结华装"相似："斗、栱、方、桁缘内朱地。上间诸华者，谓之解绿结华装。"（插图四五）又敦煌莫高窟、安西榆林窟两处宋初窟檐、江宁南唐李昪墓、林东辽庆陵东陵、义县奉国寺大雄殿以及日本京都平等院凤凰堂（《日本建筑史图录》1册原色版2）等地所存《营造法式》以前的彩画，皆多"朱地上间诸华"与此墓彩画大致相似。因此可知，此种朱地的彩画制度当较《营造法式》所记其他彩画制度为早。又此墓彩画所用各种纹饰除卷草和〔94〕所述两晕棱间装者外，据文献记录知皆为当时流行之锦或绫纹，而使用锦绫之纹作彩画，也正为《营造法式》所规定，《营造法式》卷十四《彩画作制度·总制度》条："取其轮奂鲜丽，如组绣华饰之纹尔。"其余较详细规定，散见前列诸注。文献所记锦绫纹饰名称与此墓相合者，列表如下：

| 彩画纹饰名称 | 记录锦或绫纹饰的文献 |
| --- | --- |
| 叠胜 | 《旧唐书》卷十一《代宗纪》："〔大历六年（公元771）〕诏……其绫锦花文所织……双胜……并宜禁断。"<br>陶宗仪《南村辍耕录》（《四部丛刊》三编影印元刻本）卷二十三："（宋）高宗渡江后，和议既成，榷场购求为多……绫引首及托里……叠胜。" |

续表

| 彩画纹饰名称 | 记录锦或绫纹饰的文献 |
|---|---|
| 方胜 | 《营造法式》卷十四《彩画作制度·五彩遍装》条："其青绿红地作团科方胜等亦施之斗栱梁栿之类者，谓之海锦，亦曰净地锦。"<br>《营造法式》卷十四《彩画作制度·青绿叠晕棱间装》条："团科方胜素地饰。"<br>《宋会要辑稿·仪制》九："[仁宗天圣八年（公元1030）]三司又言……凡天下州军约支锦色数目……方胜宜男细锦二十五领……以上并在京织。方胜练鹊大锦二百二十四领，青州织。"<br>日释成寻《参天台五台山记》(《大日本佛教全书·游方传丛书》本) 卷六："方胜天下乐细锦二匹、方胜直界细锦二匹。"<br>庄季裕《鸡肋篇》(《琳琅秘室丛书》本) 卷上："泾州虽小儿皆能捻茸毛为线，织方胜花。"<br>陈世崇《随隐漫录》(涵芬楼排印本) 卷三："御龙直茶酒等班红地方胜练鹊缬罗衫。" |
| 方胜 | 《宋史》卷一百五十三《舆服志》五："景德元年（公元1004）始诏河北、河东、陕西三路转运使副并绘方胜练鹊锦。"<br>《辍耕录》卷二十三："锦褾……方胜鸾鹊……方胜盘象……黄地碧牡丹方胜。"<br>戚辅之《佩楚轩客谈》(涵芬楼排印《说郛》本)："孟氏在蜀时，制十样锦，名……方胜。" |
| 柿蒂 | 白居易《白氏六帖事类集》(影印宋刻本) 卷二《绫》条："竹根、柿蒂、马眼、蛇皮，以上四种今时绫名。"<br>吴自牧《梦粱录》(《知不足斋丛书》本) 卷十八《物产》条："丝之品，绫柿蒂。" |
| 龙麟 | 参看〔86〕 |
| 龟纹 | 《旧唐书》卷四十五《舆服志》："（贞观）五年（公元631）七月敕：七品已上服龟甲……绫。"<br>《新唐书》卷三十六《地理志》二："蔡州汝南郡……（土贡）四窠云花、龟甲……等绫。"<br>周密《齐东野语》(涵芬楼排印本) 卷六《绍兴御府书画式》条："御府临书六朝羲、献、唐人法帖并杂诗赋等用……柿红龟背锦。"<br>《辍耕录》卷二十三："锦褾……紫龟文……柿红龟背……龟莲……白蛇龟文……绫引首及托里……龟子。"<br>按日本奈良法隆寺藏有飞鸟时代（南北朝—初唐）龟甲锦。正仓院藏有奈良时代（唐）紫地龟甲纹锦（日人明石染人：《日本染织工艺史》上册《飞鸟时代の染织文样と服制》《宁乐时代の染织物の种类》） |

续表

| 彩画纹饰名称 | 记录锦或绫纹饰的文献 |
| --- | --- |
| 球纹 | 《营造法式》参看〔90〕<br>《宋会要辑稿·仪制》九："盘球晕锦十六领……盘球云雁细锦六十二领……以上并在京织。"<br>《参天台五台山记》卷六："盘球云雁细锦二匹。"<br>罗大经《鹤林玉露》（涵芬楼排印本）卷十四："（告命）锦褾其端凡四等……细球之锦……"<br>《齐东野语》卷六："球路锦。"<br>《辍耕录》卷二十三："锦褾……球络……盘球。"<br>费著《蜀锦谱》（《墨海金壶》本）："今取承平时锦院［按此系指元丰六年（公元1083）吕汲公大防始建之锦院］与今茶马锦院［按此系指建炎三年（公元1129）开始织造之都大司马］所织锦名色著于篇……转运司锦院织锦名色，官告锦四百匹花样：盘球锦……；茶马司锦院织锦名色，细色锦名色：真红雪花球路锦。" |
| 荷莲 | 《宋会要辑稿·舆服》四："神宗元丰……详定朝会议注……法官绶用青地荷莲锦，以别诸臣。"<br>《随隐漫录》卷三"控拢御马左右直……青地荷莲缬罗衫。" |
| 附叠晕 | 《旧唐书》卷十一《代宗纪》："［大历六年（公元771）］诏……大䌷锦……并宜禁断。"<br>《宋会要辑稿·仪制》十："［高宗绍兴二年（公元1132）］先是官告院供到格法合用锦褾，太师至右弼八花晕锦褾。"<br>《辍耕录》卷二十三："锦褾……八花晕、银钩晕。"<br>《蜀锦谱》："上贡锦三匹花样……八答晕锦。"<br>《佩楚轩客谈》："孟氏在蜀时制十样锦，名……八搭韵（按韵为晕之误）。"<br>按日本奈良中宫寺所藏《天寿国绣帐》《日本染织工艺史》上册《天寿国绣帐の考察》、奈良法隆寺所藏之霞锦、正仓院所藏残锦（《飞鸟时代の染织文样》）皆飞鸟时代物，均绣或织出云晕，即如彩画之叠晕。又正仓院另藏有奈良时代的晕䌷地目交纹锦、晕䌷地毯纹锦，东大寺藏同时代的白茶地唐花纹晕䌷锦缘天盖垂饰。晕䌷或作缥䌷，即云晕（《宁乐时代の染织物の种类》。此外日本延长五年［后唐明宗天成二年（公元927）］藤原朝臣忠平等所纂《延喜式》《国史大系》本）卷十五《内藏寮》记杂作手中有："晕䌷手二人"，卷三十《织部司》记晕䌷锦的功限和工具："大晕䌷锦一匹，靳丝六斤一两一分，织手一人，共造一人，长功三尺，中功二尺七寸，短功二尺四寸……大晕䌷锦综一具，靳丝十三斤。"同书又散记使用晕䌷锦之情况，如卷四《伊势太神宫》："神宝十二种：……须我流横刀一柄……裹小晕䌷锦；押镜形金六杖，柄杖押小晕䌷锦；……金鱼付形一集……表大晕䌷锦；杂作横刀廿柄，节别缠小晕锦。 |

续表

| 彩画纹饰名称 | 记录锦或绫纹饰的文献 |
|---|---|
| | ……(摠所须)十晕𦇧锦一丈四尺，小晕𦇧锦八尺五寸。"又如卷六《斋院司》记三年一请杂物中有："晕𦇧锦四尺四寸，横机复一条表斨。"又卷十三《图书寮斋会》："卢舍那佛并协侍菩萨坛像一龛，佛座晕𦇧锦褥一条。"又卷三十八《扫部寮》："践祚大尝会……主殿寮树幔……其中央双施御床二脚，其上加晕𦇧端御帖各一枚……供御白地锦端帖四枚，缦𦇧端帖子十枚……供御斨……狭帖一枚……端斨晕𦇧生𥿎各五条；短帖一枚……端斨晕𦇧生𥿎五条。" |

[94] 此处小斗栱彩画与《营造法式》卷十四《彩画作制度·青绿叠晕棱间装》条所记"外棱用青叠晕，身内用绿叠晕，惟之两晕棱间装"相似，唯不用青绿相叠。枋心正中施青线一道，其退晕情况已不清楚，疑当与青绿叠晕棱间装作法相同。清代旋子彩画中两端饰以桃尖之一字枋心（如《中国建筑彩画图案》图版22所录内檐旋子雅伍墨彩画）盖由此出。又按此种枋心施青线逐渐向外棱退晕之彩画，渊源也甚早，日本京都平等院凤凰堂即已用之（《平等院图鉴》图版118—124），不过后者又施杂花、连珠于其上，遂不甚显露。

# 人骨和随葬品

**人骨、葬具** 人骨二具,位后室第二层砖床正中偏北。二头骨在西侧,男北、女南,面皆向东,其余骨骼混堆在二头骨之东,似也略具次序,即肋骨、髋骨、胸椎、掌骨、足骨等小骨混置在下,肱骨、股骨、胫骨、腓骨覆盖在上(图版叁壹:Ⅰ、Ⅱ)。全部人骨所占面积长71厘米,宽44厘米。人骨四周置铁钉十九枚,排列成行。铁钉所围的范围,长98厘米,宽88厘米。人骨的位置在铁钉范围内的北部。铁钉范围内略存灰烬,当为原有木制葬具朽毁后所遗之痕迹,而排列地面的铁钉原应钉装在葬具之上(插图四六)[95]。

插图四六 (参看[95])
1. 第一号墓人骨在葬具中的位置
2. 北京大学所出辽金石棺平面

## 随葬品

〔残铁器〕残铁器一堆。在后室第二层砖床上铁钉范围内的前端中部。所占面积长20厘米，宽9厘米。锈碎甚剧，器形不可辨。

〔长方形铁块〕长方形铁块共二枚。在后室第二层砖床上铁钉范围内的前端东西二隅。东者长16厘米，宽6厘米，厚3.5厘米；西者长20厘米，宽8厘米，厚4厘米。锈损甚剧。[96]

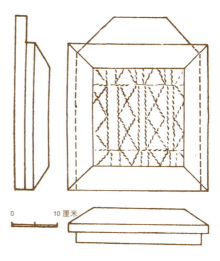

插图四七　第一号墓所出的地券并盖

〔铜钱〕铜钱一枚，出在后室第二层砖床下。径3厘米。面铸篆书"绍圣元宝"四字。

〔砖地券并盖〕砖制地券及盖斜倚在后室北壁假门前，即人骨之北（图版叁壹：Ⅰ、Ⅲ；插图四七）。券长38厘米，宽28厘米，厚2.3厘米。上端斜杀二角。券面向南，其上倒写朱书十六行[97]，字多漫漶。全文如下：

　　　　大宋元符二年九月十□日赵
　　　　□
　　　　急□□□□女青律令□合□□
　　　　□□吏自□其间主人内外存亡□皆
　　　　□□□□□居者永避万里若违此
　　　　□□□□月□星？保人今曰真符故气邪精不
　　　　□□□□自工匠修营安厝已后永保休宁
　　　　□□□□□牢酒飮百味香新共为信□
　　　　□□□□□若辄干犯河禁者将军亭长□□
　　　　□□□□□□界畔道路将军齐安？整隋？千□□□
　　　　□□□□□□至□□内方勾□分擘掌四□□

东西广十九步南北长二十二步东至青龙西至□
□□□□□□□□贯文兼五彩信□买□□
□□□□□□□□□将？下？曲？□□□□□□
□□□□□□□□□□□□监□□□□□□
□□□□□□□□□□□□□□□□□

　　券砖面覆以券盖，盖亦砖制，长31.5厘米，宽32厘米，厚5.3厘米。盖面四杀起盝顶，压有绳文，无文字[98]。

　　〔陶瓮片〕陶瓮片计二片，出在前室西南隅。陶灰色。西侧者系陶瓮口部，只存口缘部分，最长处28厘米，最宽处19厘米。东侧者最长处16厘米，最宽处14厘米。

　　〔瓷碗〕瓷碗共二件。皆灰胎、白釉、撇口、圈足。一已碎成六片，复原后径约14厘米，出在后室第二层砖床下"绍圣元宝"铜钱的西侧（插图四八）。一口缘略残，大体尚完整，径17厘米，位墓道的平坦部分南端左侧（插图四九）。

　　〔瓷片〕瓷器片十八片。皆灰胎、白釉。分散在墓道的平坦部分北端右侧（插图五〇）。

插图四八　第一号墓后室砖床下所出白瓷碗

插图四九　第一号墓墓道的平坦部分西端所出白瓷碗

插图五〇　第一号墓墓道的平坦部分北端所出白瓷碗碎片

### 注释

[95] 葬具内的人骨与随葬品的位置，与北京大学文史楼西南所出之辽金石棺内的布置相似。但后者系盛火化后之骨灰。又此墓二人骨混堆一起，葬具面积又甚窄狭，此诸情况皆足说明：非因火化后骨殖混乱即为葬后又行迁葬。细验人骨绝无火烧痕迹，而混堆之小骨，如长2.3厘米的足骨和厚1厘米左右的肋骨，也绝非火化后尚能保存的。因此，可以推测此墓主人当为死后已葬不久而又迁葬于此。在白沙宋墓中，迁葬情况似较普遍，颍东第一五八、一五九、一六○号三墓（后两墓系中国科学院考古研究所白沙发掘队所发掘，报告尚未付印），人骨叠合零乱，皆是迁葬。第一五八号墓所出地券，其上也记迁葬事："维大宋宣和六年（公元1124）……高通奉为故亡祖父高怀宝、祖母谢氏及亡父高中立并亡兄高政妻李氏，各见在浅土，载谋迁座，选拣得今年十月初六己酉之晨，安葬以于五月十四日庚寅之晨，祭地斩草破土，□□□龟策协从，相地悉吉，宜于当乡本村赵□地内安葬。"

[96] 此长方形铁块，应即当时置于墓内作镇压用的生铁，《地理新书》卷十五《诸杀杂历》条附禳险镇厌中云："厌呼龙，以生铁五斤安墓内。"又此种生铁似与颍东第一五四号墓（参看[16]）、洛阳涧西9.7.2号宋墓（赵青云《洛阳涧西宋墓清理记》，《文物参考资料》1955年9期）以及同地出有熙宁五年（公元1072）贾氏圹记的第一一一号墓中所置之铁牛（参看[57]）、陕县刘家渠第一一○号墓（刘家渠发掘工作系黄河水库考古工作的一部分，报告尚未付印）和山西太原华塔村唐（？）墓（解廷琦等《太原市郊古墓古寺庙遗址清理简报》，《考古通讯》1955年4期）以及安徽安庆南宋降将元范文虎墓（白冠西《安庆市棋盘山发现的元墓介绍》）所出之铁牛、铁豕意义同，或即铁牛、豕的简单化，因为它们都用以厌龙。铁牛、豕厌龙见刘肃《大唐新语》（《稗海》本）卷十三《记异》条："开元十五年（公元727）正月集贤学士徐坚请假往京兆，葬其妻岑氏，问兆域之制于张说，说曰……长安神龙之际，有黄州僧泓者，能通鬼神之意，而以事参之，仆常闻其言，犹记其要。墓欲深而狭，深者取其幽，狭者取其固，平地之下一丈二尺为土界，又一丈二尺为水界，各有龙守之。土龙六年而一暴，水龙十二年而一暴，当其隧者，神道不安，故深二丈四尺之下，可设窀穸……铸铁为牛、豕之状像，可以御二龙……置之墓内，以助神道，僧泓之说如此，皆前贤所未达也。"

[97] 此券文字倒书，故应自左向右读。按地券文字自唐末以来渐成定格。如记四界必云："东至青龙，西至白虎，南至朱雀，北至玄武。"至宋，墓葬置地券之风益盛。《地理新书》曾记其制，并录其格式，与此券文字大体相同（参看[98]）。又《癸辛杂识》别集卷下《买地券》条也记："今人造墓，必用买地券，以梓木为之，朱书用钱九万九千九百九十九文买到某地云云。此村巫风俗如此，殊为可笑。"元明两代沿袭宋制，地券文字，几无变动。罗振玉《地券徵存》所著录之元至元二十五年（公元1288）《齐□□买地券》、明景泰七年（公元1456）《李□□买地券》等皆与此券极为类似。现录景泰七年《李□□买地券》后半文字如下："东至青龙，西至白虎，南至朱雀，北至玄武，内方勾陈，管分□□□丘承其一（承夏鼐先生见示，此"其一"二字应为"墓"字之讹）伯，封步界畔，道路将军，齐整阡陌，致

使千年百载，永无□□，若有干犯，并令将军亭长缚付河伯。今□此□□□，百味香新，共为信契，财地交相各已分付，今工匠修茔安厝已后，永保休吉。"

〔98〕《地理新书》卷十四《斩草建旐》条记有入墓时祭仪及有关买地券等事，可以借以了解当时葬俗，节录如下："凡斩草日，必丹书铁券埋地心，凡斩草取茅或秆草九茎，三三之数也。斩三下者断三殃害也。更有众子各加三茎，用五色线三道束之，置于黄帝位前。先王用誓板，长一只，阔七寸。公侯以下用祭板，长一尺，阔七寸。位板十九，各方五寸，已上各书神位。公侯已下皆须铁券二，长阔如祭板，朱书其文，置于黄帝位前。其一埋于明堂位心，其一置穴中枢前埋之……前斩草一日，于明堂上为坛……坛上设神位五行十二辰及坛外设阡陌将军，埏道口设幽堂神座，祭官沐浴宿斋。有封国者遣国官祭，无官爵者孝子自祭。时至……祝生于坛内西南，东跪读祝……祝曰：维年月日，祭主某乙致告于五方五帝、山川百灵、后土阴官、丘丞墓伯、阡陌诸神，某亲以某年月日奄逝，伏惟永往，五内分割，礼制有期，龟筮袭吉，宜于某州某县某乡某山之原，宅兆以某年月日迁坐幽室，用今吉辰斩草，谨以信币柔毛酒礼之仪，致告于山川百灵，主恭奠于后土神，既葬之后，永无咎艰，尚飨。再拜上酒，祭官入就黄帝位前跪读，两券背上书合同字，置于旧处，俯伏而起……北向再拜，行酒上香。用铁为地券，文曰：某年月日，具官封姓名，以某年月日殁故，龟筮叶从，相地袭吉，宜于某州某县某乡某原安厝宅兆，谨用钱九万九千九百九十九贯文，兼五彩信币，买地一段，东西若干步，南北若干步，东至青龙，西至白虎，南至朱雀，北至玄武，内方勾陈，分擘四域，丘丞墓伯，封部界畔，道路将军，齐整阡陌，千秋万岁，永无殃咎，若辄干犯呵禁者，将军亭长收付河伯。今以牲牢酒饭，百味香新，共为信契。财地交相，分付工匠修营。安厝已后，永保休吉。知见人、岁月、主保人。今日直符，故气邪精不得忤忤。先有居者，永避万里。若违此约，地府主吏自当其祸。主人内外存亡，悉皆安吉。急急如五帝使者女青律令。次至西南阡陌座三酹，祝曰：某人今于阡陌之内，安厝宅兆，谨以酒醴信币仰劳降佑，使无后艰，尚飨。以酒洒散再拜。次于黄帝座前取斩者茅置于幽堂穴前，三酹祝曰：谨启幽堂亭长丘墓诸神，今以吉日造立幽堂，谨以酒醴信币，仰劳保佑，使幽堂清静，故气消除，来者安宁，尚飨。再拜奠酒，祝生引孝子于幽堂茅束跪坐。祝生执剑祝曰：上启九天，下及十地，今日斩草，殃去福至。祝讫，授刀于孝子，祝曰：一斩斩天殃，去天咎，除天重，去天伏，除百恶，来万福，下金刀斩之。二斩斩地殃，去地咎，除地重，去地伏，灭妨破，来万福，下金刀斩之。三斩斩人殃，去人咎，除人重，去人伏，绝鬼路，来万福，下金刀斩之。三斩讫，反向外掷刀于五步外吉，还来于坛复位。祭官入于黄帝座前，取酒出于坛南，面北向跪，奠酒祝曰：三爵之礼，周流已遍，所献虽微，保佑深重，惟诸明灵，各安本部，保佑后嗣，再拜。执事者取所斩之茅兼信币各一段，纸钱少许，肉一脚，酒一爵，果饼等，铁券一枚埋地心。余纸钱信币少许焚之。执事者引孝子于幽堂天井前立，授锹于孝子，发其壤，葬欲北首故南其壤，若贵人则斩草发土并执事者代之。其祭物等祭官与祝生等分散之，其糈米□谷四方撒之，余食于西南上分散食之，其祭祀之余，主人勿以将归凶。其一券葬时埋于墓中枢前。"

# 第二号墓

[颍东第一三一号墓]

第二号墓墓室结构透视图（轴测投影）

# 发掘经过

**墓的发现和开始发掘** 12月21日我们正计划启第一号墓封门砖时,民工们在第一号墓的西北20米处又发现了这第二号墓的砖建墓顶。当时,我们和河南省文物保管委员会白沙工作队都无暇他顾,所以,决定暂时用土掩盖。31日第一号墓工作告一段落,才抽调一部分人力沿着这新发现的砖建墓顶开始了第二号墓的发掘工作。工作程序大致和第一号墓相同。1953年1月1日上午土洞顶全部拆除,发现此墓顶的北壁已接生土,1月2日在墓顶南1.5米处发现砖砌墓门顶。于是,第二号墓的整个轮廓,遂告清楚。

**清理墓门前和部分墓道** 1月3日集中力量沿墓门门槛和两侧的生土边缘掘取墓道填土,发现墓门上的彩画几乎全部被填土粘毁,已无法进行清洗,因此,可以尽快地清除墓门前的填土,至当日下午收工时已清理到墓门前面的砖地面。此砖地面北接门基。在北距墓门1.28米处墓道起阶梯,阶梯只掘出最下四层。清除的墓道填土中未发现任何遗物。

**支撑墓门上檐和启封门砖** 1月4日晨发现墓门门檐向南倾斜,当即停止发掘,用粗绳、铁丝将门檐和后面墓室顶连结起来,并另用杉篙二根自前面撑起。1月5日开始启封门砖。封门砖共二层,都嵌砌在墓门内,外层自底部砌卧丁砖七行。其上用乱砖填塞(插图五一)。内层自底部砌卧丁砖八行,最上行砖和内部门顶之间留有约2厘米宽的空隙。

**清理墓室内外** 墓室大部完整。只墓顶略有残破,墓顶内壁面所涂白土大部为泥水冲污剥落。而室内也积有高1.2米的淤土。1月6日

插图五一　第二号墓墓门外层封门砖的组织

将全部淤土清除,发现各壁凡为淤土覆盖处,壁画皆漫漶剥落。墓室砖床上有人骨、铁钉、铁钱、铜钱、银首饰及小瓷碗等物,为了了解墓的结构和测绘墓的剖面,7日将墓室外面四周1米宽的生土全部掘出(图版叁贰、叁叁、叁肆)。

**照像、测绘等工作**　7日开始测量并包扎出土物。8日装好煤气灯。9日开始临摹壁画。16日全部记录工作完毕。17日在墓门外装设木门。第二号墓的发掘工作全部结束。

# 墓的构造

**方向** 墓正南北向。

**墓道** 分阶梯和墓门前平坦部分二部。

〔阶梯〕 只掘出最下四级，每级宽1.44米，高25—30厘米不等。

〔墓门前平坦部分〕 紧接阶梯之北。长1.28米，南端与阶梯最下级同宽，愈北愈宽，最北端宽1.92米。自南距阶梯最下级59厘米处至墓门门基敷砖地，砖地平面作不等边五角形。砖地南半部砌出下倾的斜坡。

**土洞** 自墓道北端向北为土洞，土洞情况与第一号墓略同。

**墓室** 墓室砌在土洞内，全部砖建。并摹仿木建筑。所用砖块大小略同，长32厘米，宽15厘米，厚5厘米。墓室通长3.44米。可分墓门、甬道、墓室三部（插页二）。

〔墓门〕 通高3.52米。正面门楼摹仿木建筑（图版叁伍），下叠砖四层作门基。门基以上直迄普拍方结构与第一号墓略同。普拍方长1.72米，为墓门的最宽处。其上砖砌东、西柱头铺作各半朵（插图五二）[99]，补间铺作一朵。都是单抄单昂五铺作。其组织：下砌栌斗，补间铺作作圜栌斗[100]。栌斗口衔砖砌的泥道栱和华栱。华栱出跳甚促。泥道栱上砌柱头方，华栱上砌瓜子栱和昂。瓜子栱外出也很短；后部与柱头方相重。瓜子栱上砌罗汉方，昂上砌令栱和耍头。令栱外出也极短，后部与罗汉方相重。耍头上砌撩檐方和断面作四方抹角的撩风槫。全部铺作：材高15厘米，栔高5.5厘米，和第一号墓相似。其细部尺寸和形式如下表：

|  | 上宽 | 下宽 | 耳高 | 平高 | 欹高 | 总高 | 附注 |
|---|---|---|---|---|---|---|---|
| 圜栌斗（厘米） | 20 | 16.5 | 5.7 | 6 | 4.5 | 16.2 | 补间用圜栌斗，斗欹内颤 |
| 栌斗（厘米） | 23.5 | 18.2 | 5.7 | 5.5 | 5 | 16.2 | 柱头用栌斗，斗欹内颤 |
| 散斗（厘米） | 14.5 | 11.5 | 4.5 | 2.5 | 3.5 | 10.5 | 斗欹内颤 |
| 交互斗（厘米） | 16 | 13 | 5 | 1.5 | 3.8 | 10.3 | 斗欹内颤，齐心斗略同 |

|  | 泥道栱 | 瓜子栱 | 令栱 | 昂 | 耍头 | 第一跳出跳 | 第二跳出跳 |
|---|---|---|---|---|---|---|---|
| 长（厘米） | 60 | 60 | 60 | 23 | 19 | 8 | 1 |
| 附注 | 补间铺作栱端卷杀 | 补间铺作栱端卷杀 | 补间铺作栱端卷杀 | 琴面 | 蚂蚱头 |  |  |

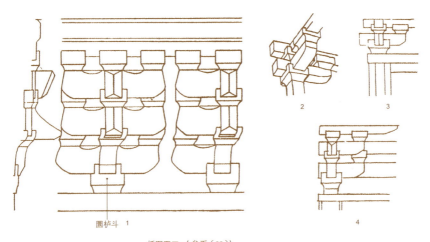

插图五二 （参看〔99〕）
1. 第二号墓墓门铺作
2. 日本奈良时代（唐）法隆寺西廊铺作
3. 陕西长安唐总章二年玄奘塔铺作
4. 辽宁义县清河门第二号辽墓墓门铺作

铺作间砌栱眼壁。撩风槫上砌断面方形的檐椽、飞檐椽，再上向下斜砌砖制的瓪瓦、瓯瓦共八陇。瓪瓦南端附雕素面圆瓦当，瓪瓦、瓯瓦北端叠横砖六层作门脊，脊西部已残毁。

墓门背面自甬道顶起用碎砖和泥土砌。直迄脊砖下部，没有任何雕饰。

〔甬道〕 墓门后接甬道。甬道长93厘米，宽75厘米，自砖地面至顶高1.62米。系用横砖自东、西二壁上叠涩八层内收作顶。外部作法与第一号墓略同。

〔墓室〕 甬道后为券门，即墓室入口。墓室六角形，内部每面长1.2米至1.26米不等。自砖地面至顶高3.79米。入口内为长50厘米，宽70厘米的扁方形砖地面。围此扁方形砖地面满室砌起高39厘米的砖床。砖床南沿砌作叠涩座式。

墓室六壁的下部都是在砖床上砌地栿二层，其间支以小砖块。上层地栿上的各转角处都砌有覆盆柱础和四方抹角倚柱，倚柱上砌阑额、普拍方，方上砌单抄四铺作式的转角铺作，其组织除去没有瓜子栱、琴面昂和在令栱上加一层替木外，其余与墓门铺作略同（图版叁陆：Ⅰ；插图五三）。详细尺寸如下表：

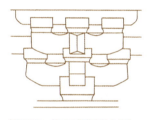

插图五三 第二号墓墓室转角铺作

| | 上宽 | 下宽 | 耳高 | 平高 | 欹高 | 总高 | 附注 |
|---|---|---|---|---|---|---|---|
| 栌斗（厘米） | 24 | 20 | 6 | 6 | 4.2 | 16.2 | 斗欹内颙 |
| 散斗（厘米） | 16 | 13 | 5 | 2 | 3 | 10 | 斗欹内颙 |
| 交互斗（厘米） | 20 | 16 | 4 | 2 | 3 | 9 | 斗欹内颙 |
| 齐心斗（厘米） | 16 | 13 | 5 | 2 | 3 | 10 | 斗欹内颙 |

| | 泥道栱 | 令栱 | 替木 |
|---|---|---|---|
| 长（厘米） | 70 | 64 | 84 |
| 附注 | 栱端卷杀 | 栱端卷杀 | 栱端卷杀 |

两铺作之间，砌栱眼壁。替木上砌断面作四方抹角的素方，其上砌室顶。室顶组织：在素方之上砌随瓣方，方上各瓣都内斜上砌作顶，顶作六瓣宝盖式，两瓣相交即转角处的下方砌出流苏。最上用六角砖一块覆盖作顶心（图版叁陆：Ⅱ）。两倚柱间砌壁面，上绘壁画。东北、西北两壁面正中竖砖作破子棂窗，其制略同第一号墓，唯西北窗腰串下只北侧砌有窗砧，窗砧外沿挑肩破瓣（图版肆壹）。北壁壁面正中为砖砌的假门，其制除门额上嵌有两枚四瓣蒂形门簪和门砧外沿挑肩破瓣外，其余也略同第一号墓[101]。

墓室外部作法除入口的两侧未砌出东西两翼墙外，也略同于第一号墓的后室（图版叁肆）。

## 注释

[99] 转角用半朵铺作，唐代即已使用，如陕西长安兴教寺唐总章二年（公元669）建玄奘砖塔（鲍鼎《唐宋塔之初步分析》，《中国营造学社汇刊》6卷4期）、日本奈良时代（唐）建法隆寺西院步廊（日人饭田须贺斯《中国建筑の日本建筑に及ぼせる影响》图版10：3）。唐以后，辽宋砖墓中存此作法，辽墓如辽宁义县清河门第二号墓（李文信《义县清河门辽墓发掘报告》）。

[100]《营造法式》卷四《大木作制度·斗》条角栌斗注中记转角用圜栌斗："如造圜斗……如柱头用圜斗即补间铺作用讹角斗。"现存实物中具有此制者，以传为五代吴越所建的浙江杭州灵隐寺石塔（文化部文物管理局藏照片）为最早，其次有北宋宣和七年（公元1125）河南登封少林寺初祖庵（刘敦桢《河南省北部古建筑调查记》）、北宋晚期的江苏苏州甪直镇保圣寺大殿（日人大村西崖《塑壁残影》图版8—10）和南宋中叶苏州瑞光寺砖塔（刘敦桢《苏州古建筑调查记》，《中国营造学社汇刊》6卷3期）。此墓圜栌斗用在补间铺作，与《营造法式》所记不同。但此种作法在河南中部一直沿用至元、明，如禹县城内元建天宁寺正殿和白沙镇明宣德九年（公元1434）所建的义勇武安王庙正殿（宿白《从许昌到白沙》等皆如此。

[101] 此墓室室顶砖砌之流苏装饰，系自上叠涩砌下，下接随瓣方，极似上承六瓣宝盖的简单铺作，所以此流苏部分视作铺作也无不可。又假门门砧外沿作法，见《营造法式》卷六《小木作制度·门砧》条注："地栿内外各留二分余，并挑肩破瓣。"至于挑肩破瓣的形式，原北京故宫博物院所藏抄本《营造法式》卷三十二《小木作制度·图样》中版门背面图样（陈仲篪《识小录——营造法式所载之门制》，《中国营造学社汇刊》5卷4期）最为清楚。

# 墓的装饰

**壁画** 墓内四壁和墓顶上原皆刷有甚薄的白土一层，上绘彩色壁画，但因墓顶的残毁部分渗透泥水和墓内所积淤土的腐蚀，四壁下部和墓顶壁画大部漫漶剥落，现将残存部分按其前后位置分为甬道壁、墓室壁二部。

〔甬道壁〕 东壁二人：右者头系皂巾，着圆领窄袖蓝衫，腰间系带，双手捧一朱色圆漆盒，面北，作自门外趋入墓室内状。颜面上部和膝以下皆剥落。左者留短须，右肩负一束扎前端的筒囊，衣着动作略同前，腰部以下漫漶（图版叁柒：Ⅱ）。西壁二人一马，右者系高而圆头巾子，巾额饰六瓣花饰一朵（插图五四）[102]，着圆领窄袖衫，右手持钱数贯，绕置颈左、右、后三面，面西立。左者系青巾，着圆领

1　　　　　2　　　　　3

**插图五四** （参看〔102〕）
1. 第二号墓甬道西壁壁画中送钱人所着的巾子
2. 陕西咸阳底张湾唐天宝三载墓所出男俑头部
3. 河南郑州附近所出宋男俑头

窄袖衫，双手斜持一未张开的伞盖（插图五五）[103]，面北立。二人腰部以下皆漫漶。二人之前立一马，只存头部。马头上方画一物，不可辨，如依第三号墓甬道西壁之例，似为系马之物（图版叁柒：Ⅰ）。

〔墓室壁〕东南壁阑额下画绛色悬帐、蓝色组绶，悬帐上又饰以蓝色帐饰一道。帐下三女。左侧一女梳高髻尖额[104]，髻前后插簪饰，面部两颊施胭脂，染朱唇，耳轮饰耳环[105]，着红色长衫，袖手坐于朱色椅上，面北凝目沉思。背后置一高足柜，柜侧面画长锁，柜下高足上饰有花牙子。柜面正中画一横道，约为表示开阖之处。面上画两端较宽长的铤状物二、十字形物（两铤形物相叠）二、青钱一贯、红色出焰明珠一枚等（插图七六）[106]。高足柜之后一朱色衣架，架上横木南端画出蕉叶饰，蕉叶饰下系一筒形物（或为卷帘），衣架上似搭一花裤。右侧二女：前者梳高髻尖额，髻前后插簪饰，髻后并梳鬟饰，着淡蓝衫，双手捧白色莲花大盘，盘中盛一白碗，碗上盖荷叶形盖，下衬朱色托子（插图五六），侍立于前述女人之后，面南似倾听其后侧女人的谈话；后者高髻，髻上戴花冠，冠前后插簪饰，面部装饰与前述女人同，着窄袖红衫，面北立。右手戟指其前女人，似与之作谈话状，此花冠女人之前置一朱色茶几。几上右侧置青色长方小橱一件，橱设五抽屉[107]，抽屉面画淡红色"拉手"，橱下承以红色小座。其左叠置朱色碗及托子一罗（插图五七）[108]，茶

插图五五 （参看[103]）
1. 第二号墓甬道西壁壁画中的伞盖
2. 传唐胡瓌绘《卓歇图》中的伞盖

插图五六 第二号墓墓室东南壁壁画中的碗、碗盖、托、盘

插图五七 （参看[108]）第二号墓墓室东南壁壁画中的桌、小橱、碗、托

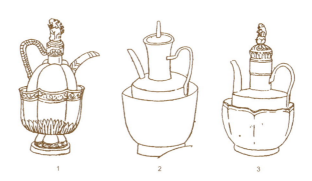

插图五八 （参看〔110〕）
1. 第二号墓墓室西南壁壁画中的注子和注碗
2. 传五代顾闳中绘《韩熙载夜宴图》中的注子和注碗
3. 朝鲜高丽时代（北宋—元）青瓷注子和注碗

几之右画面剥落，不可辨（图版叁捌）。

东北、西北两壁阑额下部画绛色悬帐，帐上着蓝色帐饰一道，帐饰下悬淡黄色卷帘，下方壁面正中竖砖作破子棂窗，窗两侧及下方画面大部脱落。

西南壁阑额下画绛帐、蓝帐饰、蓝绶，与东南壁同，但蓝帐饰上加淡黄色花饰一排七枚。帐下二男二女。右侧一男戴青幞头，幞头前二脚结扎情况颇为清楚[109]，着圆领青袍，袖手面南坐于朱色椅上，其后一屏风，屏制略同第一号墓前室西壁者，但屏心墨书文字四行，字迹草率，不可辨识。男像之左设一朱色桌，桌横置，与第一、三号两墓用砖砌出桌横广表示顺放者不同，并绘出桌面用四条边梃作框，中间镶独板板心，两条边梃相交处用45度的格角榫等情况，桌正中置纹饰甚繁的白注一件，注置于莲瓣注碗内（插图五八）[110]，注右设衬以红色托子的白碗一件，碗托之前一黑盘，盘中盛朱果七枚。注左二黑盘，前者盛果品四枚，后者盛六枚。桌左侧一女，梳高髻。髻前后插簪饰，髻上戴黄色团冠，面颊施淡红，点朱唇，着红缘蓝衫，袖手面南坐椅上，此女面部轮廓线外隐约又有较浅的轮廓线一匝，疑为当时最初构稿的痕迹。此男女二坐像与第一墓前室西壁砖砌的墓主人像布置相同，疑即此墓主人夫妇。桌后方左侧立一女，高髻，着黄色团

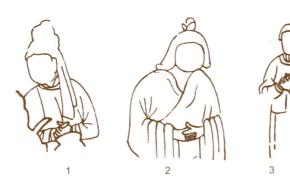

插图五九 （参看[112]）
1. 第二号墓墓室西南壁壁画中叉手侍立的男人
2. 元张成剔红山水人物圆盒上叉手侍立的侍童
3. 山西绛县裴家堡金墓壁画中叉手侍立的侍童

冠，冠上缘饰朱色，髻前插簪饰，点朱唇，着蓝缘朱衫。双手击拍板，面北，侍立于左侧女像之右[111]。其右立一男，梳童髻，髻端系青带，也点朱唇，着圆领淡黄衫，叉手（插图五九）[112]，面南侍立于右侧男像之左，壁画下半部已剥落（图版叁玖）。

北壁上画绛帐，其下砖砌假门，左门扇微外启，自右侧露出一梳鬟饰着青衫的女子，面南欠身作欲进墓室状（图版肆贰）。

墓室顶随瓣方上砖砌两流苏之间都有墨画人物，但大部剥落，唯西南面尚存拱桥一处，桥下流水，桥右侧有二人意欲渡桥。

**建筑彩画**　全墓仿木建筑部分原都刷白土，装銮彩画，除墓门全部为填土所毁不可分辨外，其余虽有漫漶剥落，但仍可按其残存部分复原。现依其位置可分甬道、墓室二部。

〔甬道〕　甬道二壁北端各画赭门一扇，每扇画蓝钉五排，每排五钉，并各画门环一具。甬道顶染刷赭色。

〔墓室〕　南壁正中即入口处的两侧和上面影作立颊、门额，颊、额面地皆衬以淡蓝、淡赭两色，地上墨画卷草。门额卷草中影作淡赭色八角门簪后尾二枚，以与墓门外面的门簪相应。门额下券门上画牡丹一朵，两侧各饰飞翔的水禽一，其间填以云朵。花、禽、云皆间用红青晕（图版肆拾）。柱础原有画不可辨。倚柱柱头画红晕仰莲一匝，

插图六〇　（参看〔114〕）
1. 第二号墓墓室南壁普拍方、阑额彩画
2.《营造法式》中的云头角叶

插图六一　第二号墓墓室东南隅彩画

柱身画赭地绛心青晕柿蒂。阑额两端画青、赭、黄相间的箍头[113]，额心画赭地青晕柿蒂。普拍方两端画黄色箍头，衬淡黄地，其上墨画木理纹（插图六〇）[114]，斗、栱、柱头方、替木外棱皆留有较宽的白缘道，内涂赭心，斗心画青晕莲花或半柿蒂或墨画云纹，栱心和柱头方墨画云纹或卷草[115]，替木心画青晕半柿蒂。耍头墨画兽面[116]，兽面唇涂朱色。素方画赭地青晕柿蒂（插图六一）。上层栱眼壁画一朱盘，内盛红青果品（插图六二）。下层栱眼壁画绛花绿叶的没骨牡丹[117]。

东南壁阑额心衬淡赭、淡蓝色地，其上墨画卷草，斗或画青晕莲座，上层栱眼壁画一内盛红青色花果的朱盘，余同南壁。东北、西北两壁壁面正中破子棂窗全部染刷赭色（图版肆壹：Ⅰ），余同东南或西南壁。

北壁壁面正中假门刷赭色，每扇画青钉四排，每排五钉，阑额心画枝条卷成海石榴（插图六三）[118]，余同南壁。

西南壁斗心或画青晕柿蒂，

插图六二　第二号墓墓室东南壁上层栱眼壁彩画

插图六三　（参看〔118〕）第二号墓墓室北壁阑额彩画

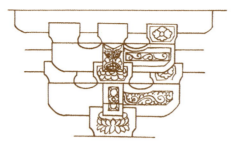

插图六四　第二号墓墓室西南隅铺作彩画

或画青晕重层莲花，华栱面画环纹，余同东南壁（插图六四）。

各壁自随瓣方以上，原有彩色，但大部脱落，唯室顶砖附近尚保存一部分，室顶正中墨画一白地圆形物[119]。

## 注释

[102] 此种高而圆的头巾子，疑即唐时内样巾子。《通典》卷五十七《礼·巾子》条："大唐武德初始用之，初尚平头小样者，天授二年（公元691），武太后内宴，赐群臣高头巾子，呼为武家诸王样。景龙四年（公元710）三月，中宗内宴，赐宰臣已下内样巾子，其样高而蹙，皇帝在藩时所服，人号为英王蹙样。"玄宗时令内外官僚百姓并依此服，封演《封氏闻见记》（《雅雨堂丛书》本）卷五《巾幞》条："巾子制顶皆方平，仗内即头小而圆锐，谓之内样，开元中燕公张说当朝，文伯冠服以儒者自处，玄宗嫌其异已，赐内样巾子长脚罗幞头，燕公服之入谢，玄宗大悦，因此令内外官僚百姓并依此服。自时巾子虽时有高下，幞头罗有厚薄，大体不变焉。"咸阳底张湾第十九号墓〔豆卢建墓，出有墓志，建，天宝三载（公元744）卒〕中男俑所着的巾子即与此同。至于巾额饰花似为唐时所无。抗战期间河南郑州附近曾出宋陶俑头一批，其中着幞头者，其额多捺有花饰。又内样巾子或作官样巾子、官样圆头巾子，参看王去非《四神、巾子、高髻》（《考古通讯》1956年5期）。

[103] 此未张开的伞盖着色脱落，其状与传唐胡瓌《卓歇图》（参看〔56〕）、宋张择端《清明上河图》（现藏北京故宫博物院，启功《清明上河图》，《人民画报》1955年3月号）、宋陈居中《文姬归汉图》（图见《晋唐五代宋元明清名家书画集》图版37）中红色伞盖相似。

[104] 此墓壁画中的妇女皆梳尖额。此种装饰疑即《枫窗小牍》卷上所记之"云尖巧额"（参看〔46〕）。

[105] 此妇女所着耳环与此墓女头骨右侧所出银耳环形式相同（参见图版肆叁：Ⅱ）

[106] 柜之释名见日人源顺《倭名类聚抄》（京都帝国大学文学部影印明治间排印日人狩谷望之笺注本）卷四《柜》条所引蒋鲂《切韵》："柜似橱，向上开阖器也。"柜面上的宝珠上附画光焰，宋名出焰明珠，见《营造法式》卷十四《彩画作制度·五彩遍装》条："椽头面子……或作出焰明珠。"

[107] 抽替一词，见黄庭坚帖，《因树屋书影》卷五："唐临夫作一临书桌子，中有抽

替……，抽替中置灯，临写摹勒，不失秋毫。"又《癸辛杂识》后集《修史法》条："昔李仁甫为长编，作木橱十枚，每橱作抽替二十枚。"孔平仲曾考其来源，《珩璜新论》（涵芬楼排印本）："俗呼抽替，《南史·殷淑仪传》，孝武帝之贵妃也，有宠而薨，帝思见之，遂为通替棺，欲见辄引替睹尸。"

[108] 当时放置托子之法，约为三五叠成一罗，宋人《会昌九老图》（现藏北京故宫博物院）中即置两罗托子于桌上，每罗托子计五枚。

[109] 此男像所着幞头，虽极似纱帽，但前二脚系于髻前，作胡桃结，此种尚存旧制之形式，南宋以来已渐式微，《老学庵笔记》卷二："予童子时，见前辈犹系头巾带于前，作胡桃结。"按陆游于宋宁宗"嘉定二年（公元1209）卒，年八十五"（《宋史》卷三百九十五《陆游传》）。是其童子时，尚在南宋初。

[110] 桌面四周镶边，边梃相交用45度格角榫为宋桌一般作法，[51] 所记钜鹿所出木桌与 [55] 所记宋妇人斫鲙画砖中桌皆如此。

　　注碗一词见《营造法式》，参看 [56]。又见杨尧弼《伪齐录》（《藕香零拾》本）卷上："西京奉先指挥兵士李英卖玉注碗与三路都统，（刘）豫疑非民间物。勘鞫之，知得于山林中，遂以刘从吾为河南淘官，发掘山陵。"朝鲜京城李王家博物馆藏高丽时代注和注碗一件（《李王家博物馆所藏品写真帖》图版457）与此极似。又传五代顾闳中《韩熙载夜宴图》（参看 [44]）、宋徽宗《文会图》、宋李嵩《水殿招凉图》（参看 [56]）中皆绘有此物，但较此为朴素。

[111] 壁画中只画一女乐执拍板，疑有二种解释：一如《东京梦华录》卷九《宰执亲王宗室百官入内上寿》条所记为乐队之开场："第一盏御酒，歌板色一名，唱中腔一遍讫，先笙与箫、笛各一管和，又一遍，众乐齐举。"一如《梦粱录》卷二十《妓乐》条所记只一歌板色歌唱："朝廷御宴是歌板色承应，如府第富户多于邪街等处，择其能讴歌妓女，顾倩承应。"此种只一歌板色歌唱或曰小唱，《梦粱录》卷二十《妓乐》条云："更有小唱，唱叫执板，慢曲曲破，大率轻起重杀，正谓之浅斟低唱……但唱令曲小词，须是声音软美。"

[112] 《事林广记》丁集卷上《幼学》类《幼学须知》条："凡叉手之法，以左手紧把右手拇指，其右小指则向右手腕，右手四指皆直，以左手大指向上，如以右手掩其胸，手不可太着胸，须令稍去胸二三寸许，方为叉手法也。"文中所记叉手之法与此壁画所绘侍立男人之手式相同。按叉手系唐宋人一种惯用的行礼方式，屡见于当时文献，如《全唐诗》（清内府刻本）第十二函第八册《谐谑》二《张保胤示妓膀子》："叉手向前咨大使"。罗振玉《敦煌零拾》（上虞罗氏排印本）卷五录五代人所书《天下传孝十二时》："平旦寅，叉手堂前咨二亲。"孙光宪《北梦琐言》（《雅雨堂丛书》本）卷三《王文公叉手睡》条："王文公凝，清修德重，冠绝当时，每就寝息，必叉手而卧，虑梦寐中见先灵也。"王谠《唐语林》（《守山阁丛书》本）卷三："华阴杨牢，幼孤……误入人家，乃父友也，……杨登时叉手……"林希逸《竹溪十一藁诗选》（《南宋六十家集》本）《力学》："醉知叉手矜持易，过似科头点检难。"《东京梦华录》卷六《元旦朝会》条："夏国使副皆金冠，短小样制，服绯窄袍，金蹀躞吊敦背（秀水金氏

影印汲古阁抄本，背作皆）叉手展拜。"徐梦莘《三朝北盟会编》（清苑徐氏刻本）卷二百六绍兴十一年（公元1141）十月十三日戊寅《岳飞送大理寺》条："飞初对（狱）吏，立身不正而撒手，旁有卒执杖子，击杖子作声而叱曰：叉手正立。飞竦然声喏而叉手矣，既而曰：吾尝统十万军，今日乃知其狱吏之贵也。"《京本通俗小说》（古典文学出版社排印本）《碾玉观音》："去府库里寻出一块透明的羊脂美玉来，即时（咸安郡王）叫将门下碾玉待诏道：这块玉堪做甚么。……数中一个后生，年纪二十五岁，姓崔名宁，趋事郡王数年……当时叉手向前……"《刘知远诸宫调》二《永遇乐曲》："知远闻言欠身叉手。"其见于图画者，除此墓外，尚有《礼书》卷十六《童子服》所附之童子叉手侍立图及山西绛县裴家堡金（？）墓壁画（张德光《山西绛县裴家堡古墓清理报告》）。元时，其制犹存，《事林广记》因记其式如上。此外元杂剧中多见此礼，不具录。山西洪赵广胜寺明应王殿南壁东侧有"泰定元年（公元1324）四月太行散乐忠都秀在此作场"横额之戏剧壁画中前排自左第二人（黎新摹本，刊《戏曲研究》1957年2期）与山西平定东回村元（？）墓壁画中之男侍（山西省文物管理委员会《山西平定县东回村古墓中的彩画》，《文物参考资料》1954年12期）以及1954年北京故宫博物院新购元张成雕造剔红山水人物圆盒中之侍童（魏松卿《元代张成与杨茂的剔红雕漆器》，《文物参考资料》1956年10期）亦皆作叉手侍立之状。至明，此礼已废，沈德符《野获编》（道光扶荔山房刻本）卷十七《叉手横杖》条："今胥吏之承官长，舆台之侍主人，与夫偏裨卒伍之事帅守，每见必犟袖撒手以示敬畏，此中外南北通例。而古人不然，如宋岳鄂王初入狱，垂手于庭，立亦欹斜，为隶人呵之……是知古以叉手为敬。至今画家绘仆从皆然，则今之垂手者倨也。"

[113] 此墓阑额两端所画箍头与《营造法式》卷三十三《彩画作制度·五彩额柱》条的云头角叶颇为近似。

[114] 梁、方上画木理纹，不见于《营造法式》。但见于郑州柿园宋墓和山西太原红沟出有"绍兴元宝"的第一号墓（畅文斋等《太原东郊红沟宋墓清理报导》，《文物参考资料》1954年6期），并且在山西、陕西、甘肃地区更一直沿用到近代，即所谓"云秋木"作法。又《营造法式》卷三十四《彩画作制度·图样·五彩装名件》所画之"松纹装"，疑即此纹之复杂化。

[115] 斗、栱、昂和柱头方等处所画之简单云纹或卷草与《营造法式》卷三十四《彩画作制度·图样·解绿结华装》中耍头和华栱、下昂、耍头的侧面所画云纹极似。又安阳熙宁十年（公元1077）王用墓壁影作铺作中所画华栱、令栱上的卷云纹也与此极似。

[116] 此墓耍头面画兽头，其形甚似猴面，此种形式与内蒙古、热河地区辽代城址（日人小林行雄《辽代の瓦当纹について》，《宝云》30号），和河北曲阳修德寺遗址（李锡经《河北曲阳县修德寺遗址发掘记》，《考古通讯》1955年3期）中所出形似猴头的兽面瓦当相同，因疑《营造法式》卷一《总释·爵头》条注所记："今俗谓之耍头，又谓之胡孙头"（《图画见闻志》卷一《论制作楷模》条作

"猢狲头")或即指此耍头面所画之装饰而言。

〔117〕《梦溪笔谈》卷十七《书画》条:"徐熙之子(崇嗣)乃效诸黄(按即黄荃父子)之格,更不用墨笔,直以粉色图之,谓之没骨图。"董逌《广川画跋》(《十万卷楼丛书》本)卷三《书没骨华图》条引沈存中言:"徐熙之子崇嗣创造新意,画花不墨,卷直叠色渍染,当时号没骨华,以倾黄居寀父子。"此事又见苏辙《栾城集》(《四部丛刊》影印明活字本)卷七《王诜都尉宝绘堂词》注:"徐熙画花,落笔纵横,其子嗣变格,以五色染就,不见笔迹,谓之没骨,蜀赵昌盖用此法耳。"《图画见闻志》卷六《没骨图》条亦记徐崇嗣事:"李少保有图一面画芍药五本,云是圣善齐国献穆大长公主卧房中物。或云太宗赐文和。其画皆无笔墨,惟用五彩布成,旁题云翰林待诏臣黄居寀等定到上品,徐崇嗣画没骨图。以其无笔墨骨气而名之。"是此种画法北宋初始开始。

〔118〕《营造法式》卷十四《彩画作制度·五彩遍装》条注:"若华叶肥大不见枝条者,谓之铺地卷成;如华叶肥大而微露枝条者,谓之枝条卷成,并亦通用于梁、额、撩檐方、椽、柱、斗栱。"

〔119〕墓顶画一白地圆形物,其旁别无他饰,疑即《营造法式》卷八《小木作制度·小斗八藻井》条所记之明镜:"顶心之下施垂莲或雕华云卷,皆内安明镜。"墓室顶心悬明镜,实物见白沙颍东第一六八号墓(宋墓,此墓系河南省文物保管委员会白沙工作队所发掘,报告尚未付印,此墓号承刘启益同志见告)、陕西丹凤县商雒镇宣和元年(公元1119)墓(陕西省文物管理委员会《陕西丹凤县商雒镇宋墓清理简报》,《文物参考资料》1956年12期)、山东潍县宋墓(此墓系1903年美人查尔樊特所盗掘,简报见美人劳佛《中国之汉陶》附录)和内蒙古林西东头道湾子辽墓(冯承钧译法人牟里《东蒙古辽代旧城探考记》)。又内蒙古赤峰所发现的辽应历九年(公元959)故驸马赠卫国王墓墓顶石底面亦系铜镜一面(郑绍宗《赤峰县大营子辽墓发掘报告》),辽应历九年尚在北宋建国以前,可见此悬镜之制,不自宋始。日人滨田耕作《支那古明器泥像图说》引英人叶兹在黄河附近实地观察所作之简单报告云:"余去中国在黄河附近得见一古代墓地……其墓大抵为砖所筑,顶作穹窿式天井。唐墓的墓室中央,横砌一床,天井悬挂一铜镜……陶器及衣服堆积于死者四周。泥烧的小像多出于隋唐时代墓葬,其大者与人体相等,皆附有漂亮的唐代彩釉。"报告语义模糊,所记悬挂铜镜之墓,究属何时代,似尚难肯定。

# 人骨和随葬品

**人骨、葬具** 人骨二具横陈在墓室砖床正中偏北，男北女南。头西偏南，脚东偏北。男头骨面向东，女头骨面偏南。除头骨外男女骨殖挤并一处，保存较完整者有男肱骨、股骨、胫骨和女肱骨、股骨，余皆和原有木质葬具腐朽一起，不能取出（图版肆叁）。二具人骨四周出铁钉十八枚，排列成行，铁钉长4—8厘米不等。依铁钉所围之范围可以推知：二骨原盛一木棺中[120]；木棺原长约1.75米；棺西端即头部约宽65厘米；棺东端即尾部约宽43厘米。

**随葬品**

〔瓷碗〕 瓷碗一件，灰胎、白釉、撇口、圈足。径9.7厘米，高2.2厘米。位东北壁破子棂窗腰串下右侧窗砧处（图版肆壹：Ⅱ；插图六五），碗内有黑色污迹，疑为灯碗。

〔银钗〕 银钗一件，长16厘米，二股合宽1厘米，出女头骨上方（图版肆叁：Ⅱ）。

〔银耳环〕 银耳环一件，长2厘米，宽1.5厘米，出女头骨右侧（图版肆叁：Ⅱ；插图六六）。

〔铁钱〕 铁钱一贯，半贯长15厘米，皆锈粘一起，字迹不可辨。南北横放在二尸腹部（图版肆叁：Ⅲ）。

〔铜钱〕 铜钱三枚，径约3厘米，穿在南侧半贯铁钱北端。一枚面铸真书"天禧通宝"四字。一枚面铸篆书"熙宁元宝"四字。另一枚字迹不可辨。

插图六五　第二号墓墓室西北壁砖砌窗右侧窗砧处所置的白釉瓷碗　　　　插图六六　第二号墓所出银耳环

**注释**

[120] 近年来河南、山西、陕西所发现的隋迄元代墓葬，时有男女合葬一棺的情况，此制起源，文献无征，其最早之例为西安白鹿原第六一号墓（隋墓，俞伟超《西安白鹿原墓葬发掘报告》，《考古学报》1956年3期）。《辍耕录》卷二十："张春儿，叶县军士李清之妻也，年二十，清疾革，顾谓春曰：吾殆矣，汝其善事后人。春截发示信，誓弗再适。未几，清死，春恸垂绝，且嘱匠人曰：造棺宜极大，将以尽纳亡者衣服弓剑之属。匠如其言，既敛，乃自经，邻里就用此棺同葬之。事上于朝，旌其墓。时至正戊子[至正八年（公元1348）]也。"又隆庆《登封县志》卷五《贞节》："元周氏，关惟一妻，至正间，夫疾故，周时年二十四，嘱工造棺须大，随缢。同棺葬之。"叶县北距白沙不过二百里，而白沙又旧属登封，是三地地望毗邻，在时间上，元至正去宋未远，张周两氏殉夫同棺葬，也许遵据当地旧习。

# 第三号墓

[颍东第一三二号墓]

第三号墓墓室结构透视图（轴测投影）

# 发掘经过

**墓的发现和开始发掘** 1月3日在第一号墓东北15.8米、第二号墓东南约13米处又发现第三号墓的砖建墓顶。1月4日我们趁支撑第二号墓墓门门檐的空闲，拆除此墓的土洞顶，是日晚收工时，即判明此墓的外形与第二号墓同是前为砖砌仿木建筑门楼式的墓门，后接一六瓣攒尖的砖建墓室（图版肆陆）。

**清理墓门前和墓室外面** 5日沿墓门门檐和两侧的生土边缘向下取土。墓门上部彩画为墓道填土所毁。但立颊、门额彩画尚清晰可辨。6日墓门前掘至生土，并将墓室外面四周宽1米的生土全部掘出，以迄墓基。7日一方面拆撤封门砖，一方面沿墓门前的生土边缘向南清除墓道上的填土，于北距墓门74厘米处墓道起阶梯，墓道阶梯只掘出最下四级。清除的墓道填土中未发现任何遗物。

**启封门砖和清理墓室** 封门砖共二层，都嵌砌在墓门内，外层自底用横砖和菱角牙子混合砌起，以迄门额。内层自底砌八行卧丁砖和一行横砖，最上行卧丁砖的中间部分留有长40厘米、宽32厘米的空隙（插图六七）。墓室大部完整，墓顶部分略有残破，室内积有高1米的淤土，壁画毁坏

插图六七
1. 第三号墓墓门外层封门砖的组织
2. 第三号墓墓门内层封门砖的组织

情况与第二号墓相似。8日清除室内淤土，只发现人骨二具，别无其他随葬品（图版肆肆、肆伍、肆陆）。

**照像、测绘等工作**　9日开始照像、测量。10日开始临摹壁画。14日记录工作完毕，在墓门外装设木门，第三号墓的发掘工作全部结束。

# 墓的构造

**方向** 墓南北向，北偏西20度。

**墓道** 墓道可分阶梯和墓门前平坦部分两部。

〔阶梯〕 只掘出最下四级。最下级宽1.19米。自下第四级宽1.1米，最下级长50厘米。其余各级长30—45厘米不等。最下级高15厘米。其余各级有高至25厘米者。

〔墓门前的平坦部分〕 紧接阶梯之北，长74厘米，南端与阶梯最下级同宽，愈北愈宽，最北端宽1.77米。南距最下级阶梯61厘米处正中横敷条砖一行，长1.13米，宽16厘米，高出其前地面15厘米。此砖地面北接墓门基。

**土洞** 土洞情况与第一、二号墓同。

**墓室** 墓室砌在土洞内，全部砖建。并摹仿木建筑。所用砖块大小略同，长31厘米，宽16厘米，厚5厘米。墓室通长3.29米。可分墓门、甬道、墓室三部（插页三）。

〔墓门〕 墓门通高3.25米。正面摹仿木建筑门楼。下叠砖三层作门基。门基以上直迄普拍方部分的结构除二倚柱下部内侧各置门砧和门额上二枚门簪作八角形外与第二号墓略同。普拍方上砖砌铺作。两侧柱头铺作与第二号墓同为只砌半朵，其组织：栌斗口砌华栱和泥道栱，华栱上面的交互斗未砌在跳头而与泥道栱东、西两侧的散斗砌在同一立面上，并与该散斗同承慢栱[121]，慢栱正中出耍头，其上砌撩檐方和断面作四方抹角形的撩风槫。两柱头铺作间砌补间铺作，其组织除为一整朵和易柱头的华栱为琴面昂外与柱头铺作同（图版肆陆：Ⅱ；插图六八）。铺作材高16厘米，栔高5厘米，和第一、二号墓相似。墓门铺作详细尺寸如下表：

|  | 上宽 | 下宽 | 耳高 | 平高 | 欹高 | 总高 | 附注 |
|---|---|---|---|---|---|---|---|
| 栌斗（厘米） | 20 | 15.5 | 5.5 | 6 | 4 | 15.5 | 斗欹无𩨳𩨳 |
| 泥道栱上散斗（厘米） | 16 | 12.2 | 5 | 2 | 3 | 10 | 斗欹内𩨳，交互斗略同 |
| 慢栱上散斗（厘米） | 16 | 12.2 | 4.2 | 1.3 | 4.7 | 10.2 | 斗欹内𩨳，齐心斗略同 |

|  | 泥道栱 | 泥道慢栱 | 昂 | 耍头 | 华栱 |
|---|---|---|---|---|---|
| 长（厘米） | 52.3 | 67 | 23 | 22 | 15 |
| 附注 | 栱端卷杀 | 栱端卷杀 | 琴面（柱头铺作） | 蚂蚱头 | 栱端卷杀（补间铺作） |

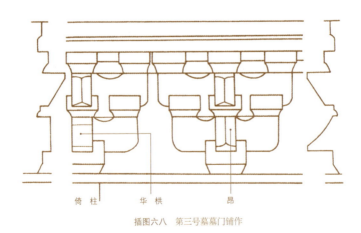

插图六八　第三号墓墓门铺作

　　铺作间砌栱眼壁，撩风槫上砌断面方形的檐椽、飞檐椽，飞檐椽上砌板檐砖一行，再上向下斜铺砖制的仰覆瓯瓦作门檐。檐中部已毁。仰覆瓯瓦北端叠砖五层，此叠砖部分宽 1.68 米，为墓门的最宽处。最上层叠砖之上覆扣脊瓶瓦一层[122]。

　　墓门背面自甬道顶起贴壁砌横砖，直迄墓门脊，作法与第一号墓相似。

〔甬道〕 墓门后接甬道,甬道长94厘米。南端宽75厘米,北端略窄为71厘米。自砖地面至顶高1.55米。顶用横砖自东、西两壁叠涩六层内收作顶。

外部作法与第一、二号墓同。

〔墓室〕 甬道后为券门,即墓室入口。墓室六角形,内部每面长1.17—1.26米不等。自砖地面至顶高3.48米。入口内为长29厘米、宽91厘米的扁方形砖地面,围此扁方形砖地面满室砌起高41厘米的砖床。砖床南沿砌作叠涩座式,其束腰部分雕壸门,东、西沿各雕壸门一,南沿雕壸门三。

墓室六壁转角下砌方形柱础,两柱础间砌地栿,础上砌四方抹角倚柱,倚柱上砌阑额、普拍方,方上砖砌转角铺作,其组织:下砌皿板[123]、栌斗,栌斗口砌琴面昂和泥道栱,昂上砌耍头和慢栱,昂上交互斗未出跳与墓门补间铺作同(图版肆捌;插图六九)。其详细尺寸如下表:

| | 上宽 | 下宽 | 耳高 | 平高 | 欹高 | 皿板高 | 总高 | 附注 |
|---|---|---|---|---|---|---|---|---|
| 栌斗<br>(厘米) | 20 | 16 | 5 | 1 | 4 | 5 | 15 | 斗欹内颛,皿板与栌斗底同宽 |
| 散斗<br>(厘米) | 15.2 | 13 | 5 | 1 | 4 | 0 | 10 | 斗欹内颛,交互斗、齐心斗略同 |

| | 泥道栱 | 泥道慢栱 |
|---|---|---|
| 长(厘米) | 74 | 90 |
| 附注 | 栱端卷杀 | 栱端卷杀 |

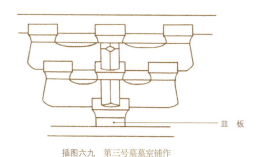

插图六九 第三号墓墓室铺作

慢栱上砌断面作长方形和四方抹角形素方各一层,再上砌室顶,室顶随壁面作六瓣,分三层:下层每瓣正中砌出流苏,转角处砌出简单铺作形式,上承中层的随瓣方;中层每转角处也砌出简单的铺作形式,以承上层六瓣室顶。最上用六角砖一块覆盖作顶心。两倚柱间南壁砌券门,券面外缘砌出砖边一匝。东南、西南二壁砌壁面,画壁画。东北、西北两壁面正中竖砖作破子棂窗,其制除中立七棂外,略同第一号墓。北壁壁面正中砌假门,其制除门砧未施挑肩破瓣外,与第二号墓略同。各壁铺作间砌栱眼壁,与第一、二号墓同。

墓室外部无任何装饰,作法与第二号墓同。

## 注释

〔121〕此种作法当为第二号墓墓门铺作瓜子栱外出极短,后部与柱头方相重的再度简单化。这样不出跳的处理,是适合于砖建筑的性能的。

〔122〕第一、二号墓皆叠砖作门脊,此于叠砖之上覆扣脊瓿瓦一层,当为摹仿《营造法式》卷十三《砖作制度·结瓦》条所记瓿瓦叠脊之制。

〔123〕皿板之制,多见于北朝石刻和壁画。如山西大同云冈石窟(日人水野清一《云冈石佛群》图版16、29)、朝鲜平壤龙冈郡双楹冢(日人关野贞《朝鲜古迹图谱》2册图版161—191)、顺川郡天王地神冢(日人关野贞《高句丽时代の遗迹》下册图版168—197)等。但甘肃敦煌莫高窟宋开宝三年(公元970)所建的427窟窟檐、开宝九年(公元976)所建的444窟窟檐(赵正之等《敦煌石窟勘查报告》,《文物参考资料》1955年2期)和大约同时的敦煌老君堂慈氏之塔于栌斗下也都置此物(赵正之等《敦煌附近的古建筑成城子湾土塔及老君堂慈氏之塔》,《文物参考资料》1955年2期),又有辽清宁三年(公元1057)墓志的辽宁义县清河门第一号墓墓门仿木建筑栌斗下也砌出皿板(李文信《义县清河门辽墓发掘报告》),因知北宋初和辽中叶以后其制尚存。此次又在此墓及洛阳邙麓街所发现的宋墓(《文物参考资料》1956年11期《文物工作报导》)中发现,是知其制更沿至北宋末。不过宋代的皿板与栌斗底同宽,北朝之皿板较栌斗宽大,二者不同。

# 墓的装饰

**壁画** 墓内壁面原皆刷白土，施彩绘，但因淤土和泥水所毁，大部漫漶剥落，现就其残存部分可分甬道壁和墓室壁两部。

〔甬道壁〕 东壁二人。左者头系皂巾，着圆领浅黄衫，左腋下夹一涂有红、蓝两色束扎前端的筒囊，右手上持置于右肩上的黄色筐篮，筐篮内置青色钱贯。右者头系蓝巾，着圆领蓝衫，腰间系带，左手握钱贯，右手上持负于右肩的涂有红、蓝、黄三色束扎前端的筒囊。二人皆面北，作自门外进入墓门状。当为向墓主人贡纳钱物者。壁画下部已剥落（图版肆柒：Ⅰ）。

西壁一人一马。马色浅蓝，黑章，备赭鞍黑鞯、浅黄镫、羁、缰、鞦、辔等马具俱全，首向北，横立在壁面正中。马首上一钉，钉上系马缰绳。马后立一人，留短须，面北，着圆领浅黄衫，右手似上持一负于右肩的筒囊口部（图版肆柒：Ⅱ）。

〔墓室壁〕东南壁画面全部剥落。壁正中用砖砌出衣架一件。衣架下砌矮足柜一件（图版肆玖：Ⅱ；插图七○）[124]。

东北、北、西北三壁画面皆剥落。

西南壁阑额下画蓝色幔饰一行。幔饰下可分砖砌、壁画二部分：正中设一桌，桌的支柱和横木雕有凹入的线饰（插图七一），桌上陈一注、二碗，碗下附有托子。桌左右各设一椅。以上皆用砖砌出，浮出壁面约5厘米，其上原敷彩色，已脱落。围绕桌椅画五女。右侧一女梳高髻、尖额，髻上插四簪，髻下端系白带，着宽袖赭缘蓝衫、浅色裙，向南凝思坐桌右砖砌之椅上。墓室壁画以此女较为突出，似为墓主人之一。其后一屏风，屏额、榑柱着蓝色，屏心墨画水波纹，屏左

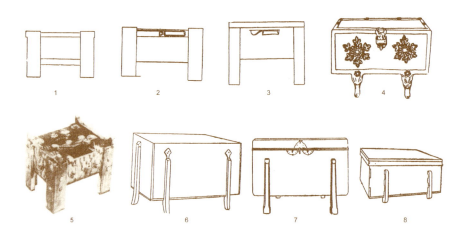

插图七〇 （参看〔124〕）
1. 第三号墓东南壁砖砌矮足柜
2. 河南郑州二里岗宋墓砖砌矮足柜
3. 河南郑州柿园宋墓砖砌矮足柜
4. 晚唐三彩矮足柜（明器）
5. 陕西西安王家坟唐墓所出三彩釉矮足柜（明器）
6. 日本贞观时代（晚唐）唐柜
7. 日本藤原时代（晚唐—南宋）唐柜
8. 日本弘安三年（元至元十七年）造公验辛柜

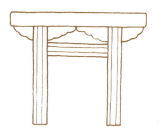

插图七一 第三号墓墓室西南壁壁画中砖砌桌

侧画一女，高髻、尖额，髻上戴白色团冠，冠前插簪饰，髻下系浅紫带，着长袖粉红衫，隐半身于屏后，面东立。其左一女，冠饰同前，耳饰紫耳环，着赭缘蓝衫，也面东立。其左又一女，高髻、尖额、梳鬟饰，髻下也系浅紫带，着蓝缘粉红四襈衫和蓝裙，双手捧黑盘，中盛一白缘黑色碗，面北侍立。此外，左椅上画束扎上端的袋囊二件，未画人像，与第一、二号墓不同（图版肆玖：Ⅰ）。

**建筑彩画** 全墓仿木建筑部分原都刷白土，装銮彩画，但为填土、淤土和泥水所毁，已大部漫漶剥落。现就其残存部分可分墓门、甬道、

插图七二　第三号墓墓门正面彩画

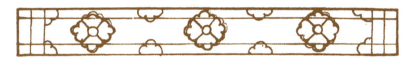

插图七三　第三号墓墓室南壁彩画

墓室三部。

〔墓门〕　墓门正面彩画已为填土所毁，现可辨出者有补间铺作栌斗上墨画仰莲。影作立颊、门额，其上画枝条卷成牡丹，花施红晕，枝叶施青晕（插图七二）。

〔甬道〕　甬道两壁未画朱门。墓门门额背面画青晕牡丹。甬道顶刷赭色。

〔墓室〕　南壁正中券门面画枝条卷成绿叶粉红牡丹和水禽。柱础和倚柱柱身彩画已剥落，柱头画赭地青晕柿蒂。阑额和普拍方心彩画亦剥落。普拍方两端尚存红青晕相间的箍头。皿板（与栌斗连在一起）、斗、昂、耍头、柱头方外棱皆留白缘道，皿板、斗画赭地青晕柿蒂或青晕仰莲或赭晕菱纹柿蒂。栱画赭地青晕柿蒂或卷草，昂面画赭地方胜，耍头面画赭地四环纹，柱头方画赭心青晕半柿蒂。上、下素方画赭色青心方胜。栱眼壁画绿叶粉红没骨牡丹。上层栱眼壁和栱眼画赭云一朵（图版肆捌；插图七三）。

东南壁除上素方画赭地青晕柿蒂外同南壁（插图七四）。

东北壁栱心或画赭心斜格纹或半柿蒂。下素方或画青晕枝条卷成。上素方画赭地球纹。其余同南壁。壁画正中破子棂窗刷赭色。

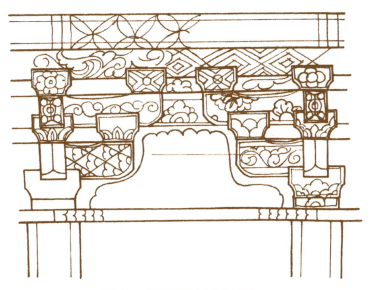

插图七四　第三号墓墓室东南壁素方彩画

北壁略同南壁。

西北壁与东北壁同。

西南壁与东南壁同。各壁上素方以上的室顶部分彩画皆剥落。

**注释**

〔124〕此壁砖砌衣架与第一号墓墓室东南壁所绘和插图三七著录之河南郑州南门外宋墓壁面砖砌之衣架同，参看〔74〕。又此种衣架一直沿用至明清，如《中国明代室内装饰和家具》插图20所录之明代衣架，与此极为相似。

唐宋木柜下设足，日本《延喜式》记其制度，该书卷十七《内匠寮》记《伊势初斋院装束》中有："膳柜四合，不居榻，四脚，并涂赤漆䉆。"同卷《野宫装束》："涂赤漆御膳柜六合，下居机，六脚。"又卷二十四《主计》上："凡诸国输庸……三丁、涂漆韩柜一合，长三尺四寸，广三尺二寸六分，著脚从端入三寸，深一尺四寸……"其实物日本所存甚多，如奈良正仓院所藏日本奈良时代（唐）唐柜（《东瀛珠光》6辑图版347—348）、京都教王护国寺所藏日本贞观时代（晚唐）唐柜（日人源丰宗《平安前期美术》，《新修日本文化史大系》卷四《平安前期文化》）、高野山金刚峰寺所藏日本藤原时代唐柜（日人前田泰次《日本の工艺》图52以及正仓院所藏日本弘安三年［元世祖至元十七年（公元1280）］造公验辛柜（日人会津八一《正仓院保存ぜとる公验辛柜について》，《东洋美术》特辑《正仓院の研究》）等。又近年河南、陕西一带晚唐墓出土明器中亦偶有此物，美国布法罗自然科学学会藏有涂三彩釉者一件。最近西安王家坟唐墓也出有三彩釉矮足柜（《文物参考资料》1955年9期《文物工作报导》）。至于砌出此物的宋墓，除此第三号墓外，尚有白沙沙东第一〇六号墓（此墓系中国科学院考古研究所白沙发掘队所发掘，报告尚未付印）、白沙大洞宋墓（此墓系河南省文物保管委员会白沙工作队所调查，报告尚未付印）、郑州二里岗和郑州柿园宋墓等。又柜下设足之习，东汉似已开始，1956年河南陕县刘家渠第一〇三七号墓（东汉墓）中曾出现与此极为相似的绿釉矮足柜一件（黄河水库考古工作队《1956年河南陕县刘家渠汉唐墓葬发掘简报》，《考古通讯》1957年4期）。

# 人 骨

**人骨** 人骨二具横放在砖床正中偏北，男北女南。男骨保存较好，头西脚东，面偏南。右肱骨向西南斜伸。左腓骨为墓顶上坠落之砖块所毁，一部向上翘起。女骨保存较差。头骨现在砖床正中偏南，面向北，但由其下颚骨尚在男头骨北侧一点观察，知女头骨原与男头骨相并置（图版伍拾）。女肩胛骨、肋骨朽在男右肱骨之上，二尺骨、桡骨也相并在男右指骨、掌骨之右，左右股骨、胫骨相并倚在男右股骨、腓骨之左，这些现象，可以说明原来女尸系背手侧身倚靠在男尸之南，其上半身并压在男右上肢之上。

二骨四周并无铁钉，附近也无朽木痕迹，并且男头骨南距东南壁仅3厘米，男左足骨更紧贴东北壁脚，由此可以推断原无葬具，二尸系直接安置在砖床之上的[125]。

此墓除人骨外，未发现任何随葬品[126]。

**注释**

[125] 此种葬俗在当时中原一带似颇流行，除河南外，山西中南部亦多发现，如抗日战争前昔阳一亩沟、刘家沟等地皆发现有八角形墓仿木建筑的砖室墓，内葬二尸，尸置土床上无棺木（马长寿《中国古代花甲生藏之起源与再现》，《民族学研究集刊》1期）。又太原南坪头宋墓第三号、第五至第九号墓内情况亦与此同（太原市文物管理委员会《太原市南坪头宋墓清理简报》，《文物参考资料》1956年3期）。此外近年来新绛县三林镇一带也曾发现同等情况仿木建筑的砖室墓（承畅文斋同志见告。山西省文物管理委员会发掘，报告尚未付印）。

[126] 此墓未发现一件随葬品，第一、二号两墓随葬品也极稀少，白沙其他宋墓也大都如此。此种情况，大约一方面欲借壁画器物或砖雕器物来代替实物（参看

〔74〕),另方面也与当时流行纸制明器有关。《东京梦华录》卷七《清明节》条记汴京售纸明器的店铺曰纸马铺:"诸门纸马铺,皆于当街用纸衮叠成楼阁之状。"纸明器的种类除楼阁外,各种日用器物几乎应有尽有,同书卷八《中元节》条:"七月十五日中元节,先数日,市井卖冥器靴鞋、幞头帽子、金犀假带、五彩衣服,以纸糊架子,盘游出卖……又以竹竿斫成三脚,高三五尺,上织灯窝之状,谓之盂兰盆,挂搭衣服、冥钱在上焚之。"至于纸明器的处理,亦与后世相同,即当时焚化。同书卷八《重阳》条:"下旬即卖冥衣靴鞋、席帽、衣段,以十月朔日烧献故也。"也有俑人,《政和五礼新仪》卷首:"被受御笔,指挥下项,士庶每岁中元节折竹为楼,纸作偶人。"由此可知纸明器在当时已成为一般风尚。又据〔39〕引《辽史》所记焚烧纸造或纸画人马器物等事,更可推知纸明器之成习俗已在北宋中叶以前。《新唐书》卷八十三《卫国文懿公主传》:"(公主)咸通十年(公元869)薨……许百官祭以金、贝、寓车、廞服火之,民争取煨以汰宝。"(此条承徐苹芳同志见告。)又《通鉴》(清嘉庆鄱阳胡氏覆元刻本)卷二百六十七《后梁纪》二:"[开平四年(公元910)]五月吴徐温母周氏卒,将吏致祭,为偶人高数尺,衣以罗锦。温曰:此皆出民力,奈何施于此而焚之,宜解以衣贫者。"(此条承邓广铭先生见告。)供焚化的寓车、廞服、偶人,如果可理解为纸明器,则纸明器之使用又可推到唐末以前。关于纸明器兴起问题,已超出本注范围,将另有专文研讨。

# 与三墓有关的几个问题

# 三墓的年代、三墓的关系和墓主人的社会身份

**三墓的年代**　第一号墓根据过道东壁下方的纪年题记："元符二年赵大翁布（？）"及所出地券上的年月："大宋元符二年九月□日赵……"，可以肯定其年代为北宋哲宗元符二年，即公元1099年。

第二号墓既无纪年题记，亦无与墓有关的纪年器物，所出铜钱"天禧通宝""熙宁元宝"各一枚，仅可说明该墓不早于天禧、熙宁，至于究竟比天禧、熙宁晚多少，只能就其仿木建筑构造、装饰纹样以及随葬品等项来和距离最近而又有可靠年代的第一号墓进行比较。

第一：第一号墓墓门铺作、前室铺作和后室上部小铺作令栱皆较泥道栱短，第二号墓则令栱和泥道栱同长。按现存唐、辽中叶、北宋初木建筑和砖石建筑令栱皆较泥道栱短[127]，北方各地现存自辽中叶以降所建的砖塔[128]和辽清宁二年（公元1056）所建的山西应县佛宫寺释迦木塔、辽清宁三年（公元1057）所建的辽宁义县清河门第二号墓仿木建筑墓门[129]、辽乾统五年（公元1105）所建的河北易县开元寺毗卢殿[130]以及金天眷三年（公元1140）所建的山西大同华严寺大雄宝殿[131]等处铺作上的令栱皆与泥道栱同长。由此可知，令栱的演变在此时期愈晚愈长。

第二：第一号墓墓门门簪正面作正方形，中雕蒂形装饰，其后尾砌作扁方形。后室北壁假门当中两门簪作圆形、两侧两门簪作正方形。第二号墓墓门门簪正面作正方形，其后尾影作八角形。按现存唐迄北宋中期门簪实物皆正方形或扁方形[132]，北宋至和二年（公元1055）所建河北定县开元寺塔部分门簪作圆形，最近河北房山坟庄发现金墓石门门簪作八角形，辽宁辽阳所出金天德二年（公元1150）张行愿瓦棺门簪

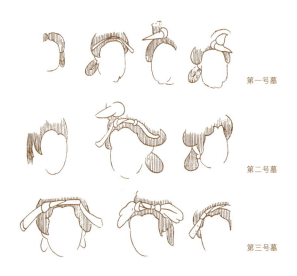

插图七五　第一、二、三号墓壁画中妇女发饰

作六角形[133]，依此愈晚愈繁之例，可以推知正方形、扁方形与圆形者较八角形者为早。

第三：第一号墓壁画中妇女鬓梳方额，或在额正中分发处向上挑一小尖。第二号墓壁画妇女额发则多向下梳出云尖（**插图七五**）。袁褧《枫窗小牍》卷上记汴京闺阁，崇宁间作大鬓方额，宣和以后多梳云尖巧额[134]。袁褧所记之方额、云尖巧额，是否即如第一、二号墓所绘，尚不敢遽断，但北宋末叶汴京奢侈成风，时装愈变愈繁[135]，京师如此，地方自当仿效京师[136]。白沙东北距汴京不过百余里，西北距西京洛阳更近，因此，从发饰推测，第一号墓当较第二号墓为早。

第四：第一号墓墓内壁面所绘或砌出的家具制作简单，第二号墓所绘家具则比较繁缛，如东南壁的红色高足柜下部做出花牙子，高足柜后面的衣架横木两端蕉叶饰下画出云头支撑。按现存五代至北宋画中所绘[137]，与河南安阳天禧镇熙宁十年（公元1077）王用墓[138]壁上所绘之家具制作都极简单，河北钜鹿所出于大观年间为河水所淹没的当时家具实物也尚朴素无华[139]。但至北宋末、南宋以来，家具制作始渐繁缛，如河南郑州二里岗、柿园、南门外等处宋墓墓壁砌出的

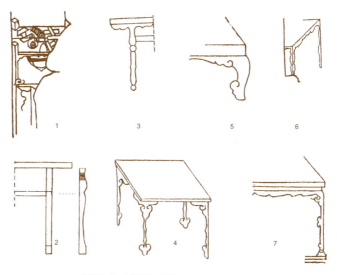

插图七六 （参看〔137〕）
1. 第二号墓墓室东南壁壁画中的高足柜
2. 河南郑州二里岗工人新村宋墓壁画中的砖砌桌
3. 河南郑州柿园宋墓壁画中的砖砌桌
4.《佛国禅师文殊指南图赞》中的桌
5. 宋牟益绘《捣衣图》中的石桌
6. 宋苏汉臣绘《戏婴图》中的桌
7. 宋人《十八学士图》中的桌

桌椅和传世南宋绘画中的桌椅[140]，或雕饰支柱，或装饰花牙子。由此可知，家具制作较早者简单，较晚则趋于繁饰（插图七六）。

第五：第一号墓额、方上彩画箍头尚简短，第二号墓则渐繁长，且可分开箍头和藻头两部分（插图七七）。按江苏苏州云岩寺五代吴越所建砖塔、甘肃敦煌莫高窟宋初窟檐、河南安阳王用墓和江苏江宁南唐李昪墓等处额、方彩画尚无箍头部分，辽宁义县奉国寺辽开泰间所建大雄殿和内蒙

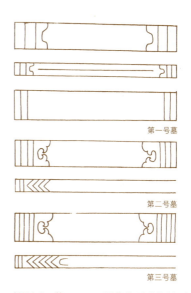

插图七七 第一、二、三号墓彩画中的箍头部分

古林东辽庆陵东陵始绘此物，极简单[141]。至《营造法式》卷十四《彩画作制度·五彩遍装》条谓之角叶，遂行增长[142]。山西太原红沟出有"绍兴元宝"之金墓，其额、方彩画[143]即与此第二号墓接近[144]。

第六：第一号墓墓室栱眼壁画牡丹，用墨线勾轮廓，第二号墓栱眼壁的牡丹则用没骨法，按北宋时代一般木建筑和《营造法式》卷三十四《彩画作图样》下所绘之栱眼壁装饰中有如第一号墓的形式，至于第二号墓用没骨花则为前所未见，此种画风，北宋时始见兴起[145]，用作建筑装饰当为后起。

第七：第一号墓所出货币只有铜钱，第二号墓除铜钱外，尚有铁钱，并且铁钱数量比铜钱为多。按北宋京西地区为使用铜钱区域，不用铁钱[146]，徽宗时始兴铁钱通行"邻近陕西、河东等路"之议[147]。而北宋币制之乱，以崇宁、宣和间蔡京当政时为最[148]。因此，京西使用铁钱当在徽宗即位之后。

从上面的比较，可以推定第二号墓比第一号墓为晚。其时间依所出铁钱一事，似可估计在徽宗时代。此墓年代的估定，尚有一旁证：位于此墓东南的颍东第一五四号墓，出有政和四年（公元1114）路适墓志一合，该墓已毁坏，残存墓门铺作的细部构造与此墓墓门铺作极为类似，二者都是单抄单昂五铺作，铺作上又都置有替木，并且东西两柱头也同用半朵铺作。更值得注意的是，此第一五四号墓也既出铜钱，又出铁钱。

第三号墓年代的判定，较第二号墓更为困难，不仅没有纪年题记和与墓有关的纪年器物，并且墓内除人骨外，别无他物。因此，只有依靠墓的仿木建筑构造和残存的装饰来推测。

第一：第三号墓墓门铺作补间用整朵，柱头用半朵。墓门门簪作八角形。墓内壁面砌出之桌的支柱雕有凹入的线饰。墓内壁画上妇女额发梳出云尖。墓室额、方彩画中箍头、藻头分明。栱眼壁绘没骨花。此等皆与第二号墓相同或相似。

第二：第一号墓墓门铺作、过道铺作和后室上面的小铺作皆用替木，第二号墓墓室铺作也设替木，第三号墓铺作则代以撩檐方及素方。按现存唐、辽、北宋中叶木建筑和砖石建筑铺作中皆置替木[149]，至《营造法式》卷四《大木作制度·总铺作次序》条既记令栱上承撩檐方、重栱上承素方[150]，卷五《大木作制度·栿》条又记替木之制[151]，而《营造法式》前后所建的现存实物如元祐、崇宁间（公元1086—1106）所建山西太原晋祠圣母殿[152]和宣和七年（公元1125）所建河南登封少林寺初祖庵[153]以及辽金之际砖石建筑[154]的外檐铺作却皆以撩檐方代替替木[155]。由此可知，替木与撩檐方、素方之关系，乃后者逐渐代替前者。

第三：第一、二号墓铺作中的耍头头上皆仅有鹊台部分，第三号墓墓室铺作耍头头上的鹊台部分又斜杀两侧，使鹊台呈凸起之三角形。按现存唐、宋木建筑中之蚂蚱头式的耍头皆略如第一、二号墓之式[156]，《营造法式》卷四《大木作制度·爵头》条亦详记其制[157]，但如第三号墓墓室者尚未他见，不过依据木建筑结构一般愈晚愈繁之例，可以推测此种耍头当为后起。

第四：第一号墓墓内壁面只砌出桌、椅、碗、注，第三号墓则除此之外，尚有衣架、矮足柜。按河南安阳王用墓墓内壁面无砌出部分，较第一号墓为早的颍东第一七一号墓只砌出二杌，较第一号墓为晚并砌出有球纹格子门的河南郑州柿园宋墓壁面，几乎凡家具都用砖砌出，因此可知，墓内壁面砌出部分较少者为早，较多者为晚。

从上面的比较，可以推定第三号墓的时代比第一号墓为晚，而与第二号墓接近，但从仿木建筑的细部推察，则又较第二号墓略晚，至于晚至何时，该地区的社会变动似可提供有力之线索。白沙在北宋时为京西北路登封县天中乡[158]，京西一带，于宋徽宗晚年屡遭水患[159]，不堪压迫的农民相率起义，所以宣和七年（公元1125）徽宗下诏赦"流民为盗者"，并给复一年[160]。宣和八年（公元1126），金兵即南下侵略。靖康元年（公元1126）、建炎元年（公元1127），金兵又曾两陷西京[161]，因此京西一带，一方面金兵掠财物、焚庐舍、虏居民北去[162]，一方面不抗敌的北宋官兵到处洗劫[163]，并且攻击人民自己组织的抗金义兵[164]，水灾之后，又罹兵劫，京西居民涂炭之苦可以想见。《大金国志》卷六记天会八年［建炎四年（公元1130）］京西等地人民更互相食[165]，庄季裕《鸡肋篇》卷中记自靖康元年以

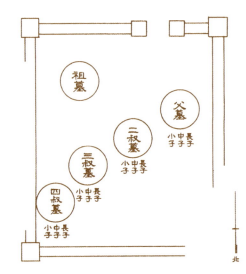

插图七八 唐张忠贤《葬录·茔地图》（指北针系据《葬录》所记墓田山门方向绘）

来，六七年间京西等地荆榛千里，粮贵人贱[166]。由此可知，当时登封一带包括其所属之天中乡自宣和六年（公元1124）以降当极荒凉残破。此种情况在整个白沙发掘工作中，也可得到旁证，即白沙宋墓最迟的纪年，正是宣和六年的颖东第一五八号墓[167]，比此宣和六年墓再晚一期的墓葬，即和白沙宋墓完全不同，形制不同，随葬品不同，人骨的安排也不同，最突出的是仿木建筑构造之砖室墓的绝迹，因此，可以推测包括这第三号墓在内的白沙宋墓之最晚下限，应不超过宣和六年。

**三墓的关系** 三墓中未曾发现任何可以说明三墓关系的记录和器物，但三墓距离甚近，布置又井然有序——第一号墓位最南，其西北20米为第二号墓，东北16米为第三号墓，而第三号墓与第二号墓相距亦不过13米，在白沙地区所有宋墓中，此三墓显然自成一组，此等成组布置恰与唐宋地理书所记角姓——赵属角音[168]茔地的布置极为相似。

法人伯希和由敦煌窃归的《相阴阳宅书》残卷[169]记角姓宜葬壬、癸、子、亥出公卿，丙、丁、巳、午出令长[170]。又记宫、角二姓宜用艮冢丙穴，角、商宜用乾冢壬穴[171]。英人斯坦因由敦煌窃归

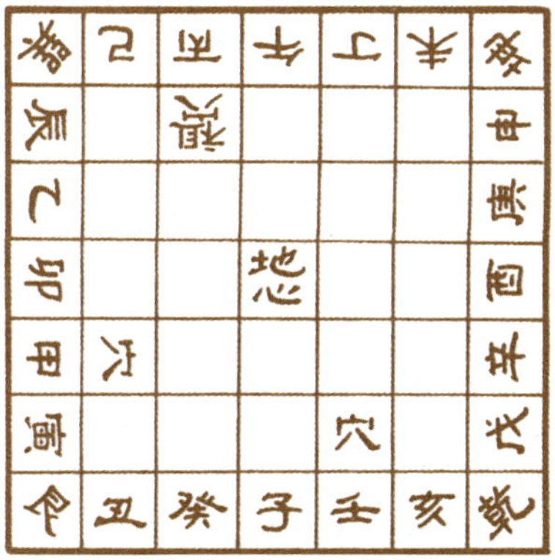

插图七九 《地理新书·角姓贯鱼葬图解》

插图八〇
1. 《地理新书·昭穆葬图》
2. 宋妇人斫鲙画砖中的以条穿鱼之状

的张忠贤《葬录》残卷[172]记角姓取土宜丙、壬、亥、子地[173]，《葬录》卷前附《茔地图》，其布置祖坟靠近墓田山门，父、叔等墓在祖坟之后，自右上向左下斜排（插图七八），而墓田山门的方向卷中记宜向南[174]，由此可知，该图中祖坟方位在南，父、叔墓方位在北，正和所记角姓取地丙方列在最前以及《相阴阳宅书》残卷所记角姓宜用丙穴相应。

北宋官定的地理书——《地理新书》卷十三《冢穴吉凶》、《步地取吉穴》条记当时河南等地流行昭穆葬，昭穆葬又名贯鱼葬[175]。其次附图说明五姓的墓穴方位，其角姓的《贯鱼葬图解》也在祖坟下，先列丙穴，丙穴之后列壬、甲二穴（插图七九），该图解附乔道用《添语》中又记丙穴等三穴葬毕，再于正北偏西壬地作一坟[176]。再次附《昭穆葬图》，图中次序亦置相当于祖坟的尊穴在前，相当于父、叔墓的昭穆穴于后，而昭穴又在穆穴的左下方[177]。该图说明中谓此排列一如以条穿鱼，而旧出宋妇人斫鲙画砖所雕穿鱼之状正与此同（插图八〇）[178]。由此可知，此北宋地理官书所记河南等地的择地方位，基本上与唐代相同[179]，更重要的是，其茔地布置与此三墓的情况完全相同。

| 《相阴阳宅书》 | 张忠贤《葬录》 | 王洙等《地理新书》 | 此三墓布置 |
| --- | --- | --- | --- |
| 宫、角二姓宜用艮冢丙穴 | 祖坟位在最南，角姓宜丙 | 角姓祖穴位在丙 | 时代最早的第一号墓，位在三墓的最南方 |
| 角、商二姓宜用乾冢壬穴 | 父坟位在祖坟西北，角姓宜壬 | 角姓昭穴位在壬（即祖穴西北） | 时代次早的第二号墓，位在第一号墓的西北 |
| 角姓宜葬壬、癸、子、亥出公卿，丙、巳、丁、午出令长 | 二叔坟位祖坟西北、父坟东北三叔坟位祖坟北方、二叔坟西方角姓宜子四叔坟位祖坟、三叔坟西北 | 角姓穆穴位在甲（即祖穴东北、昭穴东南） | 时代再次的第三号墓，位在第一号墓的东北、第二号墓的东南 |
| | | 角姓"附穴"位在祖穴正北偏西壬地，不得过于子地（据乔道用《添语》） | 第三号墓北方不远又发现一座仿木建筑砖室墓（颍东第一五九号墓）[180]，其规模较以上三墓皆小 |

此种相同，并非偶然，《宋会要》所记与此三墓同姓的赵宋皇家之茔地布置也正如此[181]。盖《地理新书》所记系上承唐代旧俗，且又为当时河南一带所习用的葬法。因此推断，第一、二、三号墓，甚至包括颍东第一五九号墓，为一家的墓葬可以无疑，而前面所论三墓的年代顺序，得此则又获一有力证据[182]。

**墓主人的社会身份**　在如此工程细致、装饰富丽的三墓中，未出一块墓志[183]，第一号墓过道题记对墓主人的称谓只题作大翁[184]，第一号墓所出地券也在年、月、日之下即书赵……不具官封[185]，又陆游《老学庵笔记》卷四记北宋时士大夫家妇女不坐椅子[186]，而此三墓壁画中所绘妇女倚坐椅上并无拘束，此诸迹象皆可说明墓主人既不类官吏，又不像士大夫家。

前引颍东第一五八号墓所出宣和六年地券文云："于当乡本村赵□地内安葬。仅用钱九万九千九百九十九文省，并五色□□，买得葬茔一所。东西阔一十一步，南北长一十三步。"此墓在三墓西南，相距不过百余米。文中所谓"当乡本村赵□"，疑即指此三墓的赵家，则赵家当为一拥有土地的地主。一个一般地主欲在元符二年（公元1099）至政和年间（公元1111—1117）或自元符至北宋末（公元1098—1127）物价上涨的十余年或二十余年中[187]，接连兴建三四座此种仿木建筑的砖室墓，而且装饰如此富丽，实亦颇值得怀疑。

　　墓中壁画题材虽然不一定即是墓主人现实生活的完全如实之写真，但必然可以反映当时社会生活的片断，而此一片断又必然与墓主人社会身份相称，因此，对此三墓壁画中皆绘出金银铤饼、钱贯和贡纳货币等场面，即应予以注意[188]。根据文献记录北宋时代由于商业、手工业的发达，大都市的平面布置已突破隋唐以来棋盘式之市坊制度[189]，到处临街设店[190]，并有夜市[191]。原来定期和临时进行贸易的墟集，已逐渐发展成固定之市镇[192]。许多拥有巨额资本的商人[193]贩卖粮、盐、茶、水产、丝、布、煤、薪以及金银珍奇等各种商品[194]，"每一交易，动即千万，骇人闻见"[195]。真宗时王旦曾谓由于商人器皿畜藏的奢富，影响到当时金银的上涨。神宗时陈旸撰《乐书》记"鸿商富贾，舞女成群"[196]。与第一号墓大约同时的秦观上哲宗的《财用策》及与第二号墓大约同时的何谊直上徽宗《劄子》中皆对当时兼并之民的奢侈生活做出详细叙述[197]，其所述内容，绝大部分符合于三墓的结构和三墓壁画所描绘的情况[198]。且当时数字较大的物价支付已多用金银货币[199]，此更可与三墓壁画中之金银货币题材相印证。而当时白沙附近又恰如前面绪言所述为手工业、商业发达之区。因之，使我们有理由推测：此三墓之赵家，不仅为一有土地之地主，并很有可能兼营商业。

## 注释

[127]如唐建中三年（公元782）山西五台南禅寺大殿、五代北汉天会三年（公元959）山西平遥镇国寺大殿（陈明达等《两年来山西省新发现的古建筑》，《文物参考资料》1954年11期）、唐大中十一年（公元857）山西五台佛光寺大殿（梁思成《记五台山佛光寺的建筑》，《文物参考资料》1953年5、6合期）、五代吴越钱弘俶十三年（公元959）江苏苏州云岩寺砖塔（刘敦桢《苏州古建筑调查记》，《中国营造学社汇刊》6卷3期；刘敦桢《苏州云岩寺塔》，《文物参考资料》1954年7期）、北宋开宝三年（公元970）甘肃敦煌莫高窟427窟窟檐、开宝九年（公元976）444窟窟檐、太平兴国五年（公元980）431窟窟檐（赵正之等《敦煌石窟勘察报告》）、大中祥符元年（公元1008）山西榆次永寿寺雨花宫（莫宗江《山西榆次永寿寺雨花宫》，《中国营造学社汇刊》7卷2期。此寺已毁）、

辽统和二年（公元984）河北蓟县独乐寺山门、观音阁（梁思成《蓟县独乐寺辽观音阁山门考》，《中国营造学社汇刊》3卷2期）、开泰九年（公元1020）辽宁义县奉国寺大雄殿（参看〔85〕）、太平五年（公元1025）河北宝坻广济寺三大士殿（梁思成《宝坻广济寺三大士殿》，《中国营造学社汇刊》3卷4期，此寺已毁）、重熙七年（公元1038）山西大同华严寺教藏（梁思成等《大同古建筑调查报告》）、重熙十八年（公元1049）内蒙古林东白塔子白塔（日人鸟居龙藏《考古学上に於せる辽の文化》图谱2册图版102—115，此塔兴建年代见鸟居龙藏《辽上京城以南伊克山上之辽代佛刹》附言，《燕京学报》40期）等。

〔128〕如辽宁北镇崇兴寺双塔（《辽金时代の建筑と其佛像》图版下册图78—88）、河北房山云居寺南塔（刘敦桢《河北省西部古建筑调查纪略》，《中国营造学社汇刊》5卷4期）、北京天宁寺塔（林徽因等《平郊建筑杂录》四——《由天宁寺谈到建筑年代之鉴别问题》，《中国营造学社汇刊》5卷4期）。

〔129〕参看李文信《义县清河门辽墓发掘报告》。

〔130〕参看刘敦桢《河北省西部古建筑调查纪略》。此寺已毁。

〔131〕参看梁思成等《大同古建筑调查报告》。此殿兴建年代系1953年冬北京文物整理委员会详细勘察时所发现。见《文物参考资料》1954年1期《文物工作报导》。

〔132〕参看陈仲篪《识小录——门饰之演变》（《中国营造学社汇刊》5卷3期）。河南开封博物馆所陈列之隋陶殿堂与《中国建筑の日本建筑に及ぼせる影响》插图51著录唐墓石门门楣上皆装门簪三枚，俱方形。辽庆陵东陵和林东白塔门簪皆扁方形，其外围雕有线饰，与第一号墓门簪正面中雕蒂形装饰者相似。

〔133〕参看金毓黻《辽金旧墓记》（《东北丛刊》7期）。

〔134〕参看〔46〕、〔104〕。

〔135〕《政和五礼新仪》（《四库全书珍本》初集本）卷首："大观四年（公元1110）闰八月八日尚书省劄子朝散郎试给事中蔡薿奏，准御史台牒……，臣观辇毂之下，士庶之间，侈靡之风，曾未少革。富民墙屋，得被文绣，倡优下贱，得为后饰，殆有甚于汉儒之所太息者。雕文篆组之日新，金珠奇巧之相胜，富者既以自夸，贫者耻其不若，则人欲何由而少定哉。"

〔136〕陈舜俞《都官集》（《宋二十家集》本）卷二《敦化》五："今夫诸夏必取法于京师，所谓京师则何如：百奇之渊，众伪之府，异服奇器，朝新于宫廷，暮仿于市井，不几月而满天下。"

〔137〕参看〔55〕。

〔138〕参看《文物参考资料》1954年8期《文物工作报导》。

〔139〕插图二二：6系河北钜鹿所出，承蒋赞初同志告知桌面之背有墨书铭记云："崇宁三年（公元1104）三月二〇四〇造一样卓子二只"，参看〔51〕、〔110〕。

〔140〕如南宋临安刻本《佛国禅师文殊指南图赞·善财童子第二十二诣广〇中参优钵罗花长者》附图中之木桌和旧藏北京故宫博物院的宋苏汉臣《戏婴图》（图见《故宫书画集》39期）、宋人《十八学士图》（图见《故宫书画集》44期）、宋牟益《捣衣图》（故宫影印本）中的木或石桌等，此故宫博物院旧藏三件南宋绘

画，现皆存台湾。

〔141〕箍头出现于柱上较额、方为早，南唐李昇墓、敦煌宋初窟檐、辽庆陵东陵和此三墓均有之，此处所比较者，为出现在额、方上的箍头。

〔142〕《营造法式》卷十四《彩画作制度·五彩遍装》条："大额及由额近柱处作三瓣或两瓣如意头角叶，长加广之半。"

〔143〕参看畅文斋等《太原东郊红沟宋墓清理报导》。

〔144〕箍头发展成箍头、藻头两部分，元明以来最为明显。1953年北京市拆建雍和宫北侧内城豁口时，发现元代残梁栿一件，其上箍头、藻头彩色尚可辨识（周耿《介绍北京市的出土文物展览》）。

〔145〕参看〔117〕。

〔146〕参看日人日野开三郎《北宋时代に于ける铜铁钱行使路分に划定に就て》（《东洋学报》24卷）。

〔147〕《宋史》卷一百八十《食货志》下二："徽宗嗣位，通判凤州马景夷言：陕西自去年罢使铜钱，续遣官措置钱法，未闻有深究钱币轻重，灼见利害者，铜钱流注天下，虽千百年未尝有轻重之患，独铁钱局于一路，所可通交易有无者，限以十州之地，欲无滞碍，安可得乎。又诸州钱监鼓铸不已，岁月增多，以鼓铸无穷之钱，而供流转有限之用，更数十年积滞一隅，暴如丘山，公私为害，又倍于今日矣。谓宜弛其禁界，许邻近陕西、河东等路，特不入京师外，凡解盐地州县并许通行折二铁钱，如此则流注无穷久远，自无轻重之患。"食用解盐的区域，司马光《涑水纪闻》（涵芬楼排印本）卷十五引当时陕西东路转运使皮公弼云："旧制河南、河北、曹、濮以西，秦、凤以东，皆食解盐。"《宋史》卷一百八十一《食货志》下三云："（解盐）以给本州及三京（按即东、西、南三京），京东之济、兖……京西之滑、郑、陈、颍、汝、许、孟州……"

〔148〕参看《文献通考》卷九《钱币考》二、《宋史》卷一百八十《食货志》下二。

〔149〕参看〔127〕、〔155〕。

〔150〕《营造法式》卷四《大木作制度·总铺作次序》条："自四铺作至八铺作，皆于上跳之上，横施令栱与耍头相交，以承撩檐方……若每跳瓜子栱上施慢栱，慢栱上用素方。"

〔151〕《营造法式》卷五《大木作制度·栿》条："造替木之制……令栱上用者，其长一百四分；重栱上用者，其长一百二十六分……若至出际，长与槫齐。"

〔152〕梁思成《晋汾古建筑预查纪略》（《中国营造学社汇刊》5卷3期）曾记略此殿结构，至于该殿重建年代见莫宗江《应县朔县及太原晋祠之古代建筑》（《雁北文物勘查报告》）。又最近于圣母殿中圣母所坐的木床背后发现墨书"元祐二年……太原府人……今月赛晋祠昭济圣母殿前缴口金龙六条……"题记。按元祐二年（公元1087）较崇宁元年（公元1102）早十五年，因此该殿建筑年代又成疑问，不过就殿的结构考察似不能早过十一世纪末叶以前，关于此问题将另文研述。

〔153〕参看刘敦桢《河南省北部古建筑调查记》。

〔154〕如北京天宁寺塔、辽宁辽阳白塔（《辽金时代の建筑と其佛像》图版下册图89—92）等。

〔155〕现存辽金之际和北宋中叶以后木建筑外檐铺作，大都以撩檐方代替替木，但亦偶有例外，如金大定三年（公元1163）山西平遥文庙大成殿、元建山西赵城广胜下寺山门（陈明达等《两年来山西新发现的古建筑》）等。至室内铺作废除替木，似又较迟，金元时代许多外檐已无替木，但室内尚存。如金建河北正定龙兴寺摩尼殿、元建正定关帝庙（梁思成《正定调查纪略》，《中国营造学社汇刊》4卷2期）等。

〔156〕参看〔127〕、〔157〕。

〔157〕《营造法式》卷四《大木作制度·爵头》条："造耍头之制，用材自斗心出长二十五分，自上棱斜杀向下六分，自头上量五分，斜杀向下二分，谓之鹊台。"

〔158〕参看〔16〕。

〔159〕《宋史》卷二十二《徽宗本纪》："（宣和）六年（公元1124）……两河，京东、西，浙西水。"徽宗时叶梦得官颍昌，其《石林避暑录话》（涵芬楼排印本）卷一亦记西京水灾事："余在许昌，岁适大水，灾伤西京尤甚，浮殍自唐邓入吾境，不可胜计。"按梦得于北宋徽宗晚年知颍昌共二次，叶廷琯《吹网录》（清同治刻本）卷六《石林公历官年月》条："重和初（公元1118）知颍昌。宣和二年（公元1120）提举鸿庆。七年（公元1125）召为吏书再提举鸿庆。靖康初（公元1126）知颍昌。"因知《录话》所记当与《徽宗本纪》所云之宣和六年（公元1124）水为两事。

〔160〕《宋史》卷二十二《徽宗本纪》："（宣和）七年（公元1125）春正月癸酉朔诏赦两河、京西流民为盗者，仍给复一年。"

〔161〕《宋史》卷二十三《钦宗本纪》："〔靖康元年（公元1126）二月〕甲戌师溃，金人济河，知河阳燕瑛、西京留守王襄弃城遁。"同书卷二十四《高宗本纪》："〔建炎元年（公元1127）十二月〕己卯金人陷汝州入西京。"

〔162〕《三朝北盟会编》卷八十七引《宣和录》："〔靖康三年（公元1128）三月二十八日〕贼……悉驱（士民）而北，舍屋焚爇殆尽，东至柳子，西至西京，南至汉上，北至河朔，皆被其毒……郡县为之一空。"同书卷一百十七引《金虏节要》："自建炎元年（公元1127）冬，粘罕再寇西京，官吏南走……至是岁〔按即建炎二年（公元1128）〕春三月二十六日粘罕尽焚其庐舍，虏居民北去。"李心传《建炎以来系年要录》（《广雅丛书》本）卷四亦记此事："〔建炎元年（公元1127）〕初，敌纵兵四掠，东至沂、密，西至曹、濮、兖、郓，南至陕、蔡、汝、颍，北至河朔，皆被其害，杀人如刈麻，臭闻数百里，淮、泗之间，亦荡然矣。"

〔163〕《三朝北盟会编》卷九十四引胡舜陟《劄子》："臣伏见都城围闭以来〔按靖康元年（公元1126）九月汴都被围〕，号令不及于四方，凡百日有余矣。民间固已惊疑，复因城破之后，将士逾城而去者，劫掠州县，自守一方，京西、湖北为之大扰。"

〔164〕李心传《建炎以来朝野杂记》（《适园丛书》本）甲集卷十九《绍兴失河南》条："河南自靖康中，首为尼雅满所破，伊阳人翟进率军民上山保险……（绍兴）二年（公元1132）冬十月进为剧寇杨进（按进当时官京城统制）所袭，坠堑死。"

〔165〕题宇文懋昭《大金国志》（扫叶山房刻本）卷六："〔天会八年（建炎四年，公元1130）〕京西、京南盗贼大起，四方路阻，米斗二百千，人民相食。"

〔166〕《鸡肋篇》卷中："自靖康丙午岁［靖康元年（公元1126）］金人乱华，六七年间，山东、京西、淮南等路荆榛千里，斗米至数十千，且不可得，盗贼官兵以至居民更互相食，人肉之价，贱于犬豕，肥壮者一枚不过十五千，全躯暴以为腊。"

〔167〕参看〔16〕。

〔168〕《地理新书》卷十《五姓所属》条列赵为角音。我国阴阳堪舆之术，明清以前皆先按姓属分五音，五音（按即宫、商、角、徵、羽）择地各不相同。此制渊源甚远，《旧唐书》卷七十九《吕才传》："太宗以阴阳书近代以来渐致讹伪，穿凿既甚，拘忌亦多，遂命才与学者十余人共加刊正……才多以典故质正……今叙《宅经》曰……至于近代师巫更加五姓之说，言五姓者谓宫、商、角、徵、羽等天下万物，悉配属之，行事吉凶，依此为法，至如张王等为商……以赵为角……其叙《葬书》曰……今之丧葬吉凶皆依五姓便利……五姓之义，大无稽古，吉凶之理，何从而生。"宋人迷信堪舆之说更甚，参看〔182〕。

〔169〕《相阴阳宅书》残卷伯希和编号三六四七，现藏巴黎国民图书馆。该书不著撰人，但依字迹推之，当为晚唐人所书。北京图书馆藏有原件照片。

〔170〕《相阴阳宅书》残卷记角姓择地："角姓木行，未大墓丑小墓葬其地，绝世大凶……宜葬壬、癸、子、亥出公卿，丙、丁、巳、午出令长。"

〔171〕《相阴阳宅书》残卷推殡法第二："先定五姓……次定丧主年命……次择吉日……次择时……次择命……宫、角二姓宜用艮冢丙穴，角、商宜用乾冢壬穴。"

〔172〕张忠贤《葬录》残卷斯坦因编号二二六三，现藏伦敦大英博物馆。北京图书馆藏有原件照片。该残卷正面录唐昭宗乾宁三年（公元896）五月序文，题唐归义军节度押衙兼参谋守州学博士将仕郎张忠贤集。序中记此书卷数和撰书缘起云："今集诸家诸善，删除浮秽……勒成一部，上中下为三卷……今遇我归义军节度使南阳张公讳承奉，有大威慧……"背面为《葬录》卷上原文并《茔地图》。又斯坦因编号三八七七录《茔地图》一幅（北京图书馆藏有原件照片）与此同，疑为《葬录》之又一残卷。

〔173〕《葬录》卷上："角姓取土宜丙、壬、亥、子地吉。角姓造冢绝手于寅。"

〔174〕《葬录》卷上："凡墓田置山门，皆当午地开为上。地轴者鬼神之道路。南方阳为上，故午地吉。"

〔175〕《地理新书》卷十三《冢穴吉凶·步地取吉穴》条："凡葬有八法，步地亦有八焉……八曰昭穆，亦名贯鱼，入先茔内葬者，即左昭右穆，如贯鱼之形……惟河南、河北、关中、垅（按垅为陇之讹）外并用此法。"

〔176〕《地理新书》卷十三《冢穴吉凶·步地取吉穴》条《角姓贯鱼葬图解》乔道用《添语》："角姓祖坟下，丙、申、甲三穴葬毕，再于正北偏西壬地作一坟，谓之贯鱼葬，不得过于子地。"乔道用不可考，由《添语》排在张谦《图解》之后一事推查，乔《添语》的时间当在金明昌张谦重刻此书之后（参看〔8〕），但亦不出金元之际，因所据北京大学图书馆藏本的刊刻年代不在元中期以后。

〔177〕《地理新书》卷十三《冢穴吉凶·步地取吉穴》条《昭穆葬图》说明："昭穆亦名贯鱼者，谓左穴在前，右穴在后，斜而次之，如条穿鱼之状也。"

〔178〕此砖照片见插图二二:7,出土地不明。王树枏《陶庐诗续集》卷十一断为唐物,王国维《观堂别集》卷二定为六朝以前物,皆误。

〔179〕晁公武《昭德先生读书后志》(《四部丛刊》三编影印宋袁州刻本)卷二《五行》类:"《五音地理新书》三十卷,右唐僧一行撰。以(按以字原文阙,此系据《文献通考》卷二百二十《经籍志》四十七引《晁志》补)人姓五音验八山三十八将吉凶之方,其学今世不行。"一行书,宋以后佚,其内容就《晁志》所记知与王洙等《地理新书》相似。按一行之说于《地理新书》编纂之前极为流行,北宋皇室曾一再根据其说选择陵地,《宋会要辑稿·礼》三七:"[乾兴元年(公元1022)二月]二十二日命宰臣丁谓为山陵(真宗永定陵)使,……(六月)十六日王曾等上言得司天监主簿侯道宁状,按由吾《葬经》天子皇堂深九十尺,下通三泉。又一行《葬经》皇堂下深八十一尺,合九九之数,今请用一行之说……"又同书《礼》三七:"[真宗景德元年(公元1004)]五月二十五日按行使刘承珪言得司天监史序状:(明德皇太后)园陵宜在元德皇太后陵西安葬……其地西稍高,地势不平,按一行《地里经》地有庞不平,拥蔽风水,宜平治之,正在永熙陵(按即太宗陵)壬地,如贯鱼之形,从之。……"永熙陵选壬地如贯鱼之形亦正与《地理新书》所记角姓葬壬、河南行贯鱼葬之说完全相同。由此可知,仁宗时王洙等人奉敕编纂之书,必曾因袭一行之说,或就一行书有所增删,故彼此内容、立论相似,且沿其书名而不改也。至于〔169〕—〔171〕所记敦煌所出《相阴阳宅书》残卷和张忠贤《葬录》二书,颇疑亦源于一行书,故能与《地理新书》极为吻合。关于六朝以来阴阳宅书之渊源流变,别有专文详述,此不多赘。

〔180〕此墓系中国科学院考古研究所白沙发掘队所发掘。报告尚未发表。承陈公柔同志见告:该墓甚狭小,平面作四方抹角形,墓门上部仿木建筑铺作为把头绞项造,参看〔202〕。

〔181〕《宋会要辑稿》详记赵宋皇家选择茔地之事共有三处:《礼》二十九:"[真宗乾兴元年(公元1022)]八月六日司天监言,太宗梓宫先于丙地内奉安,按经书壬、丙二方皆为吉地,今请灵驾(按即真宗)先于上宫神墙外壬地新建下宫奉安,俟十月十二日申时发赴丙地幄次,十二日申时掩皇堂。"同书《礼》三十一:"真宗景德元年(公元1004)三月十五日皇太后(按即太宗明德皇后)崩于万安宫之滋德殿……(五月)二十五日按行使刘承珪言,得司天监史序状,园陵宜在元德皇太后陵西安葬,其周王坟先葬孝章皇后陵北,亦无妨碍,其地南神门外去永熙陵(按即太宗陵)地百二十一步,东神门外去元德陵(按即元德皇太后陵)西于神门外封地侵却十五步,余二十五步,分作两陵封地……正在永熙陵壬地,如贯鱼之形。从之。"同书《礼》四十:"[元丰二年(公元1079)十二月]十一日迁护使司请广濮安懿王(按王名允让,系英宗生父)园域,作三穴,以濮安懿王穴为尊穴,任夫人(按为英宗生母)葬第二穴,韩夫人葬第三穴。诏濮安懿王坟域勿复广,任夫人葬甲穴,韩夫人外祔壬穴。"

〔182〕《温国文正司马公文集》(《四部丛刊》影印宋刻本)卷七十一有司马光于元丰七年(公元1084)正月所撰《葬论》一篇,择要录下,以见当时迷信堪舆禁忌之盛:"今人葬不厚于古,而于阴阳禁忌则甚焉。……今之葬书乃相山川冈畎之形

势，考岁月日时之支干，以为子孙贵贱、贫富、寿夭、贤愚皆系焉，非此地非此时不可葬也。举世惑而信之，于是丧亲者往往久而不葬，问之曰岁月未利也，又曰未有吉地也……至有终身累世而未葬，遂弃失尸柩不知其处者。"

[183] 宋制非品官不得用墓志，《政和五礼新仪》卷二百十六《凶礼品官丧仪·葬》条："未发前五刻击鼓为节，陈布吉凶仪仗、方相、志一九品以下无，大棺及明器以下，陈于柩车前……灵车后方相车，次志石车九品无，次大棺车，次明器……"

[184] 宋人称呼多呼官封，即如子弟称其父兄亦然。未作官亦无功名之老者，当时一般尊称作大翁。《夷坚三志辛》卷七《阎大翁》条："阎大翁者，居鄱阳以贩盐致富，家资巨亿，夫妇皆好布施。"又罗振玉《中州冢墓遗文补遗》（上虞罗氏刻本）著录元至元二十六年（公元1289）郭公（瑞）墓志记瑞世务农医："公讳瑞……其先太原人也，后徙家于河内，祖讳信，父讳诚，俱业精于医，其设心以活人济众为务，清名美誉，播于当世，宜乎积善之家，庆流后裔也，公生而奇伟……有子男一人讳珍……家道日益昌盛。"志阴又云："……郭珍性纯谨，业务惟农桑，二子通并达，能为贾与商。"末附刻宗派之图，图中称郭诚兄弟为郭大翁、郭二翁、郭三翁。

[185] 当时地券的格式，在年月日下具官封，再下书姓名。参看［97］引《地理新书》文。

[186]《老学庵笔记》卷四："徐敦立言：往时士大夫家妇女坐椅子、杌子，则人皆讥笑其无法度。"

[187]《宋会要辑稿·食货》七〇："［政和元年（公元1111）三月廿九日］户部奏，京西路臣寮言：本路诸州以盐杂钱折变物料，数年以来物价滋长，比实值大段相远，大观二年（公元1108），小麦孟州温县实直为钱一百二十，而折科止五十二，颍川汝阴县为钱一百一十二，折科止三十七。"关于北宋自元符以来物价上涨问题，参看全汉昇《北宋物价的变动》（《中央研究院历史语言研究所集刊》11本）。

[188] 近年来河南、河北、山西、陕西、甘肃、安徽、贵州等地都发现绘有壁画并仿木建筑的宋代砖室墓，此种墓葬据初步统计，它的总数约四十座以上，在此四十多座墓中所残存的壁画，除此三墓外，从未发现绘有贡纳金银铤和钱贯的内容，此种情况正好说明这个内容并不是一般的，必然和墓主人的生前现实生活相关联的（相反如一桌两椅二人对坐此一般性的题材，则几乎为每座壁画墓中所必有）。

[189] 参看日人加藤繁《宋代に于ける都市の发达に就いて》（《桑原博士还历纪念东洋史论丛》）。

[190] 参看《东京梦华录》卷二、三、四。

[191] 汴京夜市始见《宋会要辑稿·食货》六七："太祖乾德三年（公元965）四月十三日诏开封府，令京城夜市至三鼓已来不得禁止。"北宋末年汴京夜市之盛，见《东京梦华录》卷二、三。

[192] 参看全汉昇《宋代南市的虚市》（《中央研究院历史语言研究所集刊》9本）。

[193] 李焘《续资治通鉴长编》（浙江书局刻本）卷八十五："［大中祥符八年（公元1015）十一月己巳］真宗谓辅臣曰：咸平中（公元998—1003）银两八百，金五千，今则增踊逾倍，何也。王旦等曰，国家承平岁久，兼并之民，徭役不及，坐取厚利，京城资产百万者至多，十万而上比比皆是，然则器皿之用，畜藏之货，何可胜算。"

[194] 参看全汉昇《北宋汴梁的输出入贸易》(《中央研究院历史语言研究所集刊》8本)。

[195]《东京梦华录》卷二《东角楼街巷》条:"南通一巷,谓之界身,并是金银彩帛交易之所,屋宇雄壮,门面广阔,望之森然。每一交易,动即千万,骇人闻见。"

[196] 王旦事见[193]。《乐书》卷一百八十七《俗部杂乐·俳倡》上:"臣尝观先王作乐,通天下之情节,群声流放,故上自天子,下达士庶,未尝乐而无非僻之心……王侯将相歌伎填室,鸿商富贾舞女成群,竞相夸大,互有争夺,如恐不及,莫为禁令,伤物败俗,莫不在此,可不诚谨之哉。"

[197] 秦观《淮海集》(《四部丛刊》影印明刻本)卷十五《财用》上:"……甚者累其金而不佐公家之急,是以民常困于聚敛之吏,而吏常嫉夫兼并之民,所谓事势之流相激使然,曷足怪哉。本朝至和、嘉祐之间,承平百余年矣,天子以慈俭为宝,贡赋经常之外,殆无一毫取诸民,田畴邸第莫为限量,衣服器皿靡有约束,俯仰如意,豪气浸生,货贿充盈,侈心自动,于是大农富贾或从僮骑,带弓剑,以武断于乡曲,毕弋渔猎声伎之奉,拟于侯王,而一邑之财,十五六入于私室矣。"秦观此文未著年月,但文中称熙宁元丰作先皇帝,知当在哲宗之世。《政和五礼新仪》卷首:"大观元年(公元1107)八月二十一日内降封,送下朝奉郎差权提举江南东路常平等事何谊直劄子:臣窃见豪右兼并之家,雕楹刻桷,异服奇器,极玑纨绮之饰,备声乐妙妾之奉,伤生以送死……专利自厚,莫知艺极。"

[198]《宋史》卷一百五十三《舆服志》五《士庶人服》条:"(天圣)七年(公元1029)诏:士庶僧道无得以朱漆饰床榻。九年(公元1031)禁京城造朱红器皿。……景祐三年(公元1036)诏:屋宇非邸店、楼阁临街市之处,毋得为四铺作、闹斗八。非品官毋得起门屋。非宫室寺观毋得彩绘栋宇。……凡器用毋得表里朱漆。"同书卷一百五十四《舆服志》六《臣庶宫室制度》条:"凡臣庶家不得施重栱、藻井及五色文采为饰,仍不得四铺作、飞檐。"《皇朝事实类苑》卷六《郭进》条引宋庠《杨文公谈苑》:"上(太宗)为治第,令厅堂悉用甋瓦,有司言亲王公主始得用此,上曰:进事国尽忠,我待之岂不比吾子,有何不可哉。"(按此条不见《说郛》本《杨文公谈苑》)此三墓既砖砌或彩绘朱漆家具,又砌甋瓦起门屋(门楼),在仿木建筑中不仅应用了重栱、四铺作、藻井、彩绘栋宇,并且还用了五铺作、闹斗六、五彩遍装。

[199]《北窗炙輠录》卷下记宣和间收复燕山,游议用金银购粮粟牛车一事可以证明:"游议……知真定县时,朝廷新得燕山,其仓廪房人皆席卷去,燕山大饥,朝廷命府州县输粮调牛车,在鼎沸……惟议寂然无所为,吏人惧,更进言之,曰姑去,诉(按诉当为之讹)县粮已集,将行矣。吏人皆叩头言罪不细,且此事非仓卒可办,今尚未蒙处分奈何。诸县且行矣,议曰,使诸行乃白。已而,诸县皆行,议乃口召其民曰,输粟事如何,民皆曰晚矣。议曰,不然,吾所以不敷汝粮调汝牛车者,正以吾自有粮在燕山故也。民惊曰如何,议曰汝第往燕山,固自有粮也,汝每乡止择能办事者数人,赍轻资往籴之,民皆惘然。遂敷出金银,一一为区处毕,临行又谓其人曰:有余金当盛买牛车以归。"关于宋代金银货币作物价的支付问题,参看日人加藤繁《唐宋时代金银の研究》。

# 三墓的室内构造和布置

**三墓的室内构造和宋代小木作的广泛流行**　地下墓室是地上居室之反映。我国居室以木建筑为主，自汉以后，木建筑中铺作和枕、方逐渐复杂，地下墓室亦逐渐随而演变。唯墓室用砖，既不能如木材之出跳太长，亦不能如木材之横跨太远，因此，即发展了木建筑中之影作[200]及极为简单之铺作如一斗三升[201]、把头绞项造[202]之类。墓室室顶部分则摹仿小型木建筑之攒尖顶[203]或建抹角叠砌式之藻井[204]。自唐宋以来地上用砖仿木建筑之佛塔，在技术上逐渐达到一定的熟巧程度[205]，因之刺激了与其建筑方式大略相同之地下墓室的进一步演变，于是北宋以来，大量出现几乎完全摹仿木建筑之砖室墓。此种砖室墓有的盛砌装饰，如此三墓的室内构造，特别是第一号墓装饰繁缛，已有许多部分超出一般木建筑之范围。

　　第一：第一号墓前、后室地栿下两端砌龟脚。此制不见于现存古建筑，也不见于《营造法式》大木作，但《营造法式》卷九、十、十一《小木作制度》中的佛道帐、牙脚帐、九脊小帐、转轮经藏、壁藏等都记此制[206]。因知龟脚之制是当时佛道帐之类小木作的经常制度。

　　第二：第一号墓前室、过道、后室壁上端砌山华蕉叶。山华蕉叶是南北朝以来盝顶帐[207]上之装饰，敦煌盛唐以来的石窟壁面多凿有盝顶帐式佛龛，龛面即绘出各种形式的山华蕉叶，《营造法式》卷九、十佛道帐、牙脚帐之类的小木作沿袭此制（插图八一）[208]。因知壁上端安装山华蕉叶是佛道帐之类小木作的传统制度。

　　第三：第一号墓前室、过道顶砌宝盖式盝顶。盝顶是六朝迄唐殿堂内部所流行的平闇形式[209]，至宋《营造法式》卷八《小木作制度·

插图八一 （参看〔207〕〔208〕）
1. 山西大同云冈15窟（北魏）西壁佛帐
2. 河南洛阳龙门宾阳洞（北魏）东壁维摩诘帐
3. 河南洛阳龙门14窟（北魏）右壁维摩诘帐
4. 河南洛阳龙门魏字洞（北魏）右壁维摩诘帐
5. 河北邯郸南响堂5窟（东魏）前壁佛帐
6. 河北邯郸北响堂南洞（北齐）洞外佛帐
7. 甘肃敦煌莫高窟192窟（晚唐）佛龛帐饰
8. 甘肃敦煌莫高窟18窟（晚唐）佛龛帐饰
9. 甘肃敦煌莫高窟197窟（中唐）佛龛帐饰
10. 甘肃敦煌莫高窟47窟（晚唐）佛龛帐饰
11. 《营造法式·小木作制度·图样》中的佛道帐

平棋》条中尚存其制[210]。

第四：第一号墓后室室顶砌宝盖式的斗六藻井，其制除上下皆六角，下部砌垂旒、无方井抹角和上层铺作作单抄单昂五铺作外，和辽末易县开元寺毗卢殿藻井[211]以及《营造法式》卷八《小木作制度》所记斗八藻井相同[212]。第二、三号墓墓室顶也砌斗六，其制较为简单，与辽重熙七年（公元1038）所建大同华严寺教藏藻井、清宁二年（公元1056）所建应县佛宫寺释迦木塔藻井极为类似（插图八二）[213]。

第五：第一号墓前后室铺作材高15厘米，第二、三号墓墓室铺作

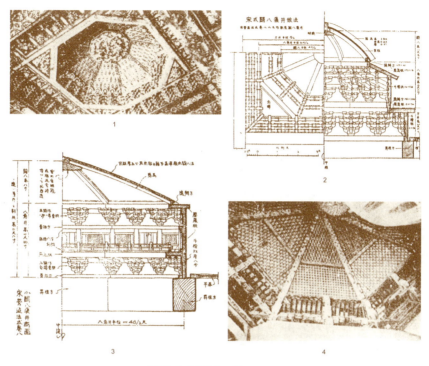

插图八二 （参看〔211〕）
1. 河北易县开元寺毗卢殿藻井
2. 《营造法式》斗八藻井
3. 《营造法式》小斗八藻井
4. 山西应县佛宫寺释迦木塔第一层藻井

材高16厘米，平均为15.5厘米，折合宋尺约在5寸左右，与《营造法式》卷四所记的第七、八等材相近，其中第一号墓更接近第八等材，而第八等材当时正为小木作中殿内藻井所用[214]。

　　从以上诸项观察，可以推断：此三墓室内构造的许多部分，较当时一般仿木建筑的砖室墓，更进一步仿效木建筑中之小木作[215]。

　　北宋时代小木作极为流行，从《营造法式》记录《小木作制度》和《小木作功限》之详细情况可以推知[216]。其所以流行，一则由于自皇室以下之高级统治者兴建殿堂，要求在装饰上尽量繁缛，再则从《营造法式》所记小木作的种类如佛道帐之类和现存当时寺观文献[217]

以及现存实物等[218]，知当时寺观建筑也在普遍兴建小木作。尤其值得注意者，为当时城市中拥有一定经济力量之商人阶层，为了装饰"屋宇雄壮"[219]之店铺，积极广泛使用此种繁缛小木作：或在门前闹斗八[220]缚彩建欢门[221]，或架枋木花样结山棚[222]，或在两廊建小阁子[223]，或设飞桥栏槛，明暗相通[224]。因此，北宋时期小木作之流行，似可推测与当时城市商业之发达有密切之关系，而此疑为地主兼商人之三座墓中，也恰恰出现许多摹仿佛道帐、藻井之类的小木作构造。

**三墓的室内布置和北宋时代我国居室陈设的变革**　地下墓室的内部布置与墓室构造同样摹仿地上居室。汉墓中棺和随葬品置于地上，铺地砖流行铺作人字纹，正反映汉代一般于居室内藉席坐地之况。唐墓在墓室内横砌砖床，棺和部分随葬品置于床上，也正反映唐代居室流行设床，人们坐卧床上，部分器物亦置于床上。洛阳盛唐所开龙门石窟擂鼓台北洞和敦煌中唐以来石窟中的佛坛[225]、唐建中三年（公元782）所建五台南禅寺大殿和吉林宁安东京城土台子所存渤海国寺院遗址中佛殿内的佛坛[226]、辽重熙七年（公元1038）所建大同华严寺教藏中的佛坛[227]，传五代顾闳中所绘《韩熙载夜宴图》、宋董源绘《平林霁色图》和宋仕女梅妆镜中的木床（插图八三）[228]以及如宋马和之绘《豳风图》七月一段所示的一般民间室内铺席的方式皆作倒置之凹字形，因而在所发现之唐宋墓中的砖床（包括此三墓在内）亦颇有砌出此种形式者[229]。至于三墓壁面砌或绘出之事物，也同样反映当时居室内部情况。

第一：第一号墓前室西壁砌出二椅、一桌、二脚床子，后室东壁画一椅，西南壁画一杌。第二号墓东南壁画一椅，西南壁画二椅、一桌。第三号墓东南壁砌二椅、一桌。室内陈设椅、桌、脚床子、杌等家具，约始于五代宋初，如前引《韩熙载夜宴图》中所绘[230]。至北宋中叶以后（即与此三墓时间上下接近之年代），此类室内陈设方逐渐流行。熙宁十年（公元1077）安阳王用墓壁画、大观年间（公元1107—1110）被淹没的钜鹿城中所出之桌椅实物，以及河南、山西、安徽等地最近发现之北宋末乃至南宋或金的墓葬壁画中所砌出桌椅等[231]，皆为

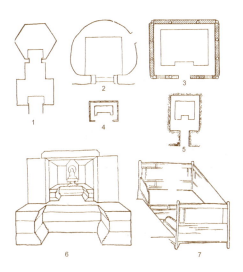

**插图八三** （参看〔225〕〔229〕）
1. 第一号墓前后室的砖床平面
2. 河南洛阳龙门擂鼓台北窟（唐）平面
3. 山西五台南禅寺唐建中二年大殿平面
4. 山西大同华严寺辽重熙七年教藏平面
5. 甘肃敦煌莫高窟98窟（北宋）平面
6. 甘肃敦煌莫高窟112窟（中唐）后壁佛龛
7. 传五代顾闳中绘《韩熙载夜宴图》中的木床
8. 宋仕女梅妆镜中的木床

最好之旁证。北宋末张择端所绘《清明上河图》中各种商店里几乎皆设有桌、椅、杌，北宋末王希孟所绘《千里江山图》[232]中傍山依水之乡间庐舍中也多设有椅、杌，北宋末南宋（或金）初朱锐所绘《盘车图》和传南宋初萧照所绘《山居图》[233]中之乡间小店也设有桌、杌等，更足以明确地说明其普遍化的程度（插图八四）[234]。

第二：由于椅、桌、杌等室内陈设逐渐流行，原来置于席床上之家具，如第一号墓后室东南壁和第三号墓东南壁绘或砌出之衣架，第一号墓后室西南壁绘出之巾架[235]、镜台[236]，第三号墓东南壁砌出的矮足柜等，皆移置地上。至如第一号墓后室东南、西南壁所绘的曲足盆架，第一号墓后室东南壁所绘之高几和第二号墓东南壁所绘的高足柜等家具，既未见于以前的记录，又不适用于席、床之上，因此，推测为当时兴起不久之新陈设，当或无误。

第三：从晚唐五代开始用桌椅，至北宋中叶以后桌椅相当普遍，此二百多年间，桌椅之使用及其布置已有所改变。如《韩熙载夜宴图》所示一人坐椅或一人单椅独据一桌，而此三墓所示则为一桌二椅之二人对坐。此种一桌二椅二人对坐之布置，从张择端《清明上河图》和宋人《雪山行旅图》[237]、宋人《文姬归汉图》[238]中观察，可以推知

插图八四 （参看〔233〕）
1、2、3. 宋张择端绘《清明上河图》中的商店
4. 宋朱锐绘《盘车图》中的乡村小店

插图八五
1. 宋张择端绘《清明上河图》中的二人对坐
2. 宋人《文姬归汉图》中的二人对坐

为当时店铺——特别是饮食店铺之一般安排（插图八五），欧阳修《归田录》卷二[239]和孟元老《东京梦华录》卷四所记北宋汴京酒楼[240]内部布置也正如此。而此时期之文献记载及传世唐宋各种绘画中，却从不见一般家庭、官舍和寺观中作如此安排者[241]，因疑此种变动，或即渊源于当时城市中到处开设之饮食店铺[242]。

室内布置桌、椅、机等家具，席、床上之陈设亦逐渐移置床下，于是室内床以外之空间逐渐扩大，新家具乃应新需要而逐渐产生。此时人们于室内之工作方式，已由汉唐以来之跪、踞或盘坐于席、床上，逐渐改变为垂足坐杌、椅，面前设高桌，妇女梳妆亦改为伫立镜台之前，如第一号墓后室西南壁所绘。此种变动为我国室内布置和人们起居生活之一大跃进。至于它的普遍化，从当时绘画和有关文献所提供的材料观察，与前述小木作之流行颇为类似，即与当时城市商业之繁荣有密切关联。

**注释**

[200]影作出现在墓葬中以吉林辑安通沟高句丽时代舞俑、角抵二冢（日人池内宏等《通沟》下册图版16:2、18:2、45:2）为最早，其影作铺作为一斗三升，大约与此二冢同时的朝鲜平壤龙冈郡双楹冢进而影作重栱（《朝鲜古迹图谱》2册图版161—191），唐万岁登封元年（公元696）山西太原赵澄墓更影作人字栱和把头

绞项造，参看〔202〕。

〔201〕墓葬中砖砌一斗三升的出现，以江苏江宁李昪墓为最早（南京博物院《南唐二陵发掘简略报告》，《文物参考资料》2卷7期）。

〔202〕把头绞项造不见《营造法式·大木作制度》，但《营造法式》卷十七《大木作功限·把头绞项作每缝用栱斗等数》条记其制度："把头绞项作每柱头用……泥道栱一只，耍头一只，栌斗一只，齐心斗一只，散斗二只，闇栔二条。"此种把头绞项造在墓葬中以砖砌的形式出现，以白沙沙东第一七一号墓（陈公柔《白沙唐墓简报》）为最早。

〔203〕墓室砌攒尖顶，始于东汉初，如河南洛阳建校区第一〇〇五号墓（此墓为河南省文物工作队第二队所发掘，报告尚未付印）。此种攒尖顶有的在顶心部分砌出一段较窄的平顶，它的形式介乎攒尖与盝顶之间，如山东梁山后银山汉墓（关天相等《梁山汉墓》，《文物参考资料》1955年5期）、山东禹城双槐冢汉墓（山东省文物管理委员会《禹城汉墓清理简报》，《文物参考资料》1955年6期）。

〔204〕抹角叠砌墓室顶的最早实例，只是在叠涩式攒尖顶的顶心砖或石上雕出抹角叠砌的装饰，如河南洛阳涧东空心砖顶汉墓（此墓为河南省文物工作队第二队所发掘，报告尚未付印）。至于真正的抹角叠砌，似以山东沂南画像石汉墓（曾昭燏等《沂南古画像石墓发掘报告》图版10:1）为最早。

〔205〕以仿木建筑中的斗栱部分为例，唐末山东历城朗公石塔（鲍鼎《唐宋塔的初步分析》）开始出跳，双抄偷心，但其形式与排列，尚与木建筑有别，五代末北宋初所建江苏苏州云岩寺砖塔、内蒙古林东白塔子白塔即砖砌五或四铺作，出双抄偷心或单抄，上承令栱、替木（参看〔127〕），已与木建筑无殊。

〔206〕《营造法式》卷九《小木作制度·佛道帐》条："造佛道帐之制……帐坐高四尺五寸，长随殿身之广，其广随身之深，下用龟脚。"同书卷十《小木作制度·牙脚帐》条："造牙脚帐之制……下段用牙脚坐，坐下施龟脚。"同书卷十《小木作制度·九脊小帐》条："造九脊小帐之制：自牙脚坐下龟脚至脊，共高一丈三尺。"同书卷十一《小木作制度·转轮经藏》条："转轮经藏……里槽……下用龟脚，脚上施车槽叠涩等。其制度并准佛道帐坐之法……凡经藏坐之下施龟脚。"同书卷十一《小木作制度·壁藏》条："壁藏坐……下用龟脚，脚下施车槽叠涩等。其制度并准佛道帐坐之法。"

〔207〕盝顶帐即汉代斗帐，《释名》(《四部丛刊》影印明刻本)《释床帐》："小帐曰斗帐，形如覆斗也。"山西大同云冈晚期北魏佛龛（日人小川晴旸《大同云冈の石窟》图版110）、河南洛阳龙门北魏佛龛（日人水野清一等《龙门石窟の研究》插图18、图版45、52）、河北邯郸南响堂山东魏、北齐佛龛（日人水野清一等《响堂山石窟》图版23A、49）多雕有此物。又此期佛龛所雕之盝顶帐上部和同时的宝盖形式相同，如日本奈良法隆寺金堂三尊像上的宝盖实物（《南都十大寺大镜》1辑《法隆寺大镜金堂篇》图版54—59，《中国建筑の日本建筑に及ぼせる影响》插图97）。

〔208〕《营造法式》卷九《小木作制度·佛道帐》条："造佛道帐之制，上层如用山华

蕉叶造者，帐身之上再不用结瓦，其压厦版于撩檐方外出四十分，上施混肚方，方上用仰阳版，版上安山华蕉叶。"（同书卷三十二《小木作制度·图样》即绘有着有山华蕉叶之佛道帐）同书卷十《小木作制度·牙脚帐》条："造牙脚帐之制……（帐头）铺作之上用压厦版、版上施混肚方、仰阳山华版。"同书卷二十二《小木作功限·壁帐》条："（壁藏造作功）仰阳山华版、帐柱、混肚方、斗槽版、压厦版等七功。"

〔209〕北朝晚期石窟，多凿盝顶，如甘肃敦煌莫高窟272、285等窟、山西太原天龙山2、3等窟（日人外村太治郎《天龙山石窟》图版12—15、24—25）。现存宋以前木建筑内部之平棋，也多作盝顶（此种盝顶平棋，即平闇），如山西五台佛光寺大殿、河北蓟县独乐寺观音阁（参看〔127〕）。日本镰仓时代（南宋中期以后—元）以前木建筑平棋也多"折上式"（即盝顶）者（日人天沼俊一《日本建筑细部变迁小图录·天井》图版2、6）。又朝鲜平壤南井里所发现的彩箧冢（日人小泉显夫等《乐浪彩箧冢》图版35），其后室顶部斜杀成盝顶，此为盝顶最早实例。

〔210〕《营造法式》卷八《小木作制度·平棋》条："造殿内平棋之制，于背版之上，四边用桯……盝顶欹斜处，其桯量所宜减之。"

〔211〕辽末河北易县开元寺毗卢殿和山西应县净土寺大雄宝殿（刘致平等《中国建筑设计参考图集》10集《藻井》图版5乙）藻井皆于铺作之上施山华帐头一匝，与第一号墓后室藻井作法同。其制不见《营造法式》（参看〔212〕）。

〔212〕《营造法式》卷八《小木作制度·斗八藻井》条："八角井于方井铺作之上施随瓣方，抹角勒作八角，于随瓣方之上施七铺作上吊重栱，八入角每瓣用补间铺作一朵。"

〔213〕山西大同华严寺教藏中的藻井、壁藏、天宫楼阁，见日人村田治郎《大同大华严寺》图版5—6、8—17。山西应县佛宫寺释迦木塔藻井见《中国建筑设计参考图集》10集《藻井》图版5。

〔214〕《营造法式》卷四《大木作制度·材》条："第七等广五寸二分五厘，厚三十五分，右小殿及亭榭等用之。第八等广四寸五分，厚三寸，右殿内藻井或小亭榭铺作多用之。"

〔215〕当时更为奢华的砖室墓中，亦有饰以真正的小木作者，如内蒙古林东辽庆陵东陵、西陵中皆出有木制涂漆贴金的小斗栱、瓦、瓦当、椽、枋、槫、柱、础、雕花板等零件（《庆陵》Ⅱ图版120—126），此诸零件，当原为安置在陵内之小木作的残体。

〔216〕《营造法式》记录《小木作制度》共六卷，即卷六至卷十一；《功限》共四卷，即卷二十至卷二十三；《图样》一卷即卷三十二，叙述极为详尽，当可反映当时小木作的流行。

〔217〕宋神宗时日本僧人成寻自天台到五台礼佛，途经开封，于开封许多寺院中看到此类小木作，成寻《参天台五台记》（《大日本佛教全书·游方传丛书》本）卷四："〔熙宁五年（公元1072）十月二十三日〕出（汴）东大门，乘马行

六里，到启圣禅院……次礼西大殿，金字一切经庄严不可思议，东、西、南、北壁边有墨字一切经二部，每间经上造楼阁，一间三宇，其下棚置经……二十四日……到福圣禅院……礼经藏……四百厨子上有四重小阁，四面壁边有墨字一切经二部，上皆造四重宝阁，一间有三小阁，不可记尽……罗汉殿中有一间小殿，内纳舍利。"当时不仅大城市的寺院，即一般县城寺院亦有兴建此类小木作者，如沦陷契丹的安次县祠峨里寺院堂殿内即建有亭台掩映的经藏，陈述《辽文汇》（排印本）卷七著录《安次县祠峨里寺院内起建堂殿并内藏埤（碑）记》："大安五祀（公元1089）春三月启土……日往月来，堂殿方成……更于殿内复建内藏一所，再择大匠，碎剪良材，雕镂尺寸之形，垒砌百千之样，亭台掩映，然分龌龊之仪，楼阁高伉，尽显巍峨之势，内置千帙之教……"。又毕沅《中州金石记》（《经训堂丛书》本）卷四、孙星衍《寰宇访碑录》（《平津馆丛书》本）卷八皆录有大观四年（公元1110）八月周颖撰、蔡靖正书《汉太尉纪公庙木帐记》一事，记文虽未之见，但木帐云者，疑当如《营造法式》小木作中所记之牙脚帐之类。

[218] 大同华严寺教藏中东、西、南、北壁边尚藏有辽金时代的壁藏和极为精致的天宫楼阁，参看[213]。又山西晋城二仙观正殿内存有北宋末［该殿建于绍圣四年（公元1097），成于政和七年（公元1117）］的天宫楼阁（杜仙洲《晋东南古建筑调查报告初稿》，未刊），山西应县净土寺大殿梁栿上也存有金代的天宫楼阁。参看[211]。

[219] 参看[195]。

[220]《宋会要辑稿·舆服》四："景祐三年（公元1036）八月三日诏曰：天下士庶之家，凡屋宇非邸店、楼阁、临街市之处，毋得……闹斗八。"《宋史》卷一百五十四《舆服志·臣庶宫室》条所记略同，参看[198]。

[221]《东京梦华录》卷二《酒楼》条："凡京师酒店门首皆缚彩楼欢门。"《清明上河图》城门内上侧所绘酒楼门前即绘缚彩楼欢门之景。

[222]《东京梦华录》卷四《食店》条："又有瓠羹店，门前以枋木及花样沓结，缚如山棚……里门面窗户皆朱绿装饰，谓之驩（欢）门。"

[223]《东京梦华录》卷二《酒楼》条："……惟任店入其门一直主廊约百余步，南北天井两廊皆小阁子。"同书卷二《饮食果子》条："诸酒店必有厅院，廊庑掩映，排列小阁子，吊窗花竹，各垂帘幕。"

[224]《东京梦华录》卷二《酒楼》条："白矾楼后改为丰乐楼，宣和间（公元1119—1125），更修三层相高，五楼相向，各有飞桥栏槛，明暗相通，珠帘绣额，灯烛晃耀。"

[225] 河南洛阳龙门石窟擂鼓台北洞参看《龙门石窟の研究》插图115。甘肃敦煌中唐以来石窟，参看《敦煌石窟勘查报告》。

[226] 山西五台南禅寺参看《两年来山西省新发现的古建筑》。吉林宁安渤海国寺院遗址参看日人鸟山喜一《东京城寺址调查略报告》（《满洲古迹古物名胜天然纪念物保存协会会志》6辑《东京城》）。

〔227〕参看《大同古建筑调查报告》。

〔228〕传五代顾闳中《韩熙载夜宴图》，参看〔44〕。宋董源《平林霁色图》现藏美波士顿美术馆（图见《波士顿美术馆藏支那画帖》图版34）。宋仕女梅妆镜为周肇祥旧藏，镜背花纹上部铸有"仕女梅妆"四字。拓片见中国画学研究会《艺林月刊》50期。

〔229〕此种砖床发现于唐墓者，如白沙沙东第一七一号墓（陈公柔《白沙唐墓简报》）。又北京故宫博物院藏宋马和之所绘《豳风图·七月》一段中民间室内即三面铺席，按此风俗渊源甚远，甘肃武威管家坡三号墓（东汉墓）、丘家庄二号墓（东汉墓）（甘肃省文物管理委员会《兰新铁路武威——永昌沿线工地古墓清理概况》，《文物参考资料》1956年6期）和河南洛阳龙门石窟宾阳洞（北魏）（《龙门石窟の研究》插图12）、甘肃天水麦积山5窟（北魏）（文化部社会文化事业管理局《麦积山石窟》实测图6:1）以及洛阳出有北齐天统五年（公元569）墓志的涧西第七九号墓（此墓系河南省文物工作队第二队所发掘，报告尚未付印。承蒋若是同志见告）、河北邯郸南响堂山4窟（北齐）（《响堂山石窟》插图19）等墓室或石窟内皆砌或凿出略高之倒凹字形地面，此种情况，当为摹仿室内铺设之筵席而来，与此三墓摹仿自唐以来之木床者略有区别。至于此二者间的中间形式，以各地隋代所开的一部分石窟如甘肃敦煌244窟、河北邯郸南响堂山6窟（《响堂山石窟》插图26、图版26A）等，为最佳例。

〔230〕此类家具从出现到成为居室内的陈设，皆经有一段甚长的过程，值得注意的是，它们成为室内陈设的时间大略相同，即在五代宋初。现略辑文献记载和有关图画补述如下：王昶《金石萃编》（嘉庆刻本）卷一百三唐贞元十三年（公元797）《济渎庙北海坛祭器杂物铭碑阴》："绳床十，内四倚子。"日僧圆仁《入唐求法巡礼行记》（《大日本佛教全书·游方传丛书》本）卷一："承和五年［开成三年（公元838）］十一月八日斋前，（扬府都督李）相公（德裕）入（开元）寺里来，礼佛之后……相公看僧事毕，即于寺里蹲踞大椅上，被担而去。"同书卷三："开成五年（公元840）七月四日……入（五台）法花院，见神道和尚影，此和上……迁化数年矣……坐处大椅子，并今见在。"同书卷四："会昌四年（公元844）十月……（皇帝）自登位已后，好出驾幸，四时八节之外，隔一二日便出，每行送仰诸寺营办床席、毡毯、花幕结楼、铺设椀、叠、台盘、椅子等，一度行送，每寺破除四五百贯钱。"陆龟蒙《唐甫里先生文集》（《四部丛刊》影印明抄本）卷八《和袭美卧疾感春见寄韵》："烟径水涯多好鸟，竹林蒲倚但高僧。"《金石萃编》卷一百一十九后唐天成四年（公元929）《磁州武安县定晋山重修古定晋禅院千佛邑碑记》："同光三年（公元925）九月十口特然修换材木皆新，棚上有……倚子一只。"《五代史记》卷二十九《景延广传》："天福八年（公元943）秋，出帝幸大年庄还，置酒延广第，延广所进器服、鞍、马、茶床、倚、榻皆裹金银，饰以龙凤。"释道原《景德传灯录》（《四部丛刊》三编影印宋刻本）卷十一记五代宋初陇州国清院奉禅师事："问如何是和尚家风。师曰：台盘、倚子、火炉、窗牖。"甘肃敦煌莫高窟晚唐壁画中有高

僧坐椅之像（如196窟）。又传唐阎立本绘《萧翼赚兰亭图》中也绘有竹椅，因知椅的开始，最迟当在唐代，初用之时，似乎多在室外，有时且与绳床相混，至于使用之人，又多具有特殊身份，此种情况从当时日本使用椅子的限制推察，更为清楚。《延喜式》卷三十八《扫部寮》："凡御座者……紫宸殿设黑柿木倚子……凡设坐者，皇太子锦草墩，并白木倚子……凡厅坐者，亲王及中纳言已上倚子。"同书卷四十一《弹正台》："凡厅坐者，亲王及中纳言已上倚子，五位以上漆涂床子，自余素木床子。"同书卷三十四《木工寮》并记倚子的尺寸和功限："大倚子一脚高一尺三寸，长二尺，广一尺五寸断，切钉十二只各长一寸五分，胶一两，长功七人，中功八人，短功九人。小倚子一脚高一尺五寸，长一尺五寸，广一尺三寸断，切钉十二只各长一寸五分，胶一两，长功五人，中功六人，短功七人。"《延喜式》所用尺据日人考证略同唐大尺（如藤田元春《尺度综考》等），即每尺约等30厘米，因知其制甚为矮小，故可与床并列，甚至如《济渎庙杂物碑阴》所记与绳床相混。降及北宋初某人贡椅、制椅、坐椅或安排椅子等，仍屡见记录，如《宋会要辑稿·蕃夷》七记钱俶子惟濬进椅："[开宝六年（公元973）]两浙节度使钱惟濬进……金棱七宝装乌木椅子、踏床子、金银棱装床子十，银装椅子十。"丁谓《丁晋公谈录》（涵芬楼排印《说郛》本）记窦仪造花椅子："窦仪尚书本燕人……（周）世宗时为翰林学士……仪因于堂前雕起（按《皇朝事实类苑》卷四十八《窦仁惠》条引作'造'）花椅子二只。"又如《默记》卷上记李煜坐椅："徐铉归朝为左散骑常侍，迁给事中，太宗一日问曾见李煜否，铉对以臣安敢见之。上曰：卿第宜，但言朕令卿往相见可矣。铉遂径往其居……久之，老卒遂入取旧椅子相对，铉遥望见，谓卒曰：但正衙一椅足矣。倾间，李主纱帽道服而出，铉方拜……主曰：今日岂有此礼。徐引椅少偏，乃敢坐。"又如张舜民《画墁录》（《稗海》本）记赵普厅事设椅子："赵韩王两（按两为西之讹）京起第，外门皆柴荆……后园亭榭制作雄丽……厅事有椅子一只，样制古朴，保（？）坐分列，自韩王安排，至今不易。太祖幸洛，初见柴荆，既而观堂筵，以及后圃，哂之曰：此老子终是不纯。"此当说明椅子尚非寻常之物，同时也指出此种不甚普遍的椅子，此时已成为一部分人的室内陈设（参看〔245〕）。

桌源于汉代之案，朝鲜平壤彩箧冢所出曲足漆案（《乐浪彩箧冢》图版71）、唐伯牙弹琴镜背面所铸之案（日人梅原末治《欧米蒐储支那古铜精华》5册图版144—145）、传唐王维绘《济南伏生像》中伏生所据之案（日人阿部房次郎《爽籁馆欣赏》1集图版1）、甘肃敦煌莫高窟217窟南壁西方净土变（盛唐）西下隅"殿前校经"图中席上所置之案、湖南长沙黄泥坑唐墓所出陶案明器（《考古通讯》1956年6期图版15：3），以及北宋初武宗元《朝元仙仗图》中二口自然金童所捧之案（徐邦达《吴道子和他的画派》图版15）皆案桌间之过渡物。《类说》卷三十四引王定保《摭言》："举人率以白纸糊案子面，郑昌图诗曰：新糊卓（《学津讨原》本《唐摭言》卷十二作案）子，其白如银，出试入试，千春万春。"一物两名，正说明二者的关系。《延喜式》卷三十四《木工寮》记神事并年断供御所须十四种案中之外居案:"外居案长三尺六寸,广一尺八寸,高三尺,厚八分,长功六人,中功七人,短功八人",其形制正如后日之桌。案当时或曰几、几筵、台桌,《入唐求法巡礼行记》卷二:"开成五年(公元840)三月五日……又从京都新天子诏书来,于(登)州城内第门后庭中铺二毯子,大门北砌上置一几,几上敷紫帷,上着诏书。"《皇朝事实类苑》卷三十二《家祭用台桌》条引《卢陵归田录》:"秘府有唐孟诜《家祭仪》、孙氏《仲飨仪》数种,大抵以士人家用台桌享祀类几筵,乃是凶祭。"(按此条不见《欧阳文忠公集》)。吴炯《五总志》(《知不足斋丛书》本)记此事云"唐孟诜《家祭仪》士人家四仲祭当用平面毡条屏风而已。其用桌椅即是几筵,乃凶祭也"。甘肃敦煌莫高窟唐窟壁画中释迦坐前覆以绣衣,上陈供品的高桌(敦煌文物研究所《敦煌壁画集》图版37)、《封氏闻见记》卷五《巾幞》条所记覆以琰子之卓:"御史陆长源性滑稽,在邺中忽裹蝉翼罗幞尖巾子,或讥之,长源曰……若无才虽以卓琰子裹一籔箕,亦将何用。"释齐己《白莲集》(《四部丛刊》影印明抄本)卷六《谢人寄南榴卓子》诗所咏之卓子、河南安阳王用墓壁画中陈列祭品的高桌(插图15:2)等,当即与之相似或相同。至于作为居室内的陈设,在文献中以黄朝英《靖康缃素杂记》(《学海类编》本)卷三引《杨文公谈苑》记真宗造檀香倚桌:"咸平、景德中,主家造檀香倚卓一副"(按此条不见《说郛》本《杨文公谈苑》)和彭乘《墨客挥犀》(《稗海》本)卷七记韩琦设桌置玉盏:"韩魏公知北都,……(有)献玉盏一只……,表里无纤瑕……,(公)乃开醇召漕使显官,特设一卓,覆以绣衣,致玉盏其上。"为最早。

脚床子之见著录似始于唐,不空译《佛顶尊胜陀罗尼念诵仪轨法》(《大正藏》本):"于坛中右旋布列,然后于坛前安卑脚床子。"参看〔54〕。

几出现较早,《晋书》卷八十《王献之传》:"魏时陵云殿榜未题,而匠者误钉之,不可下,乃使韦仲将悬橙书之。"《太平御览》(《四部丛刊》三编影印宋刻本)卷七百六十四引《续晋阳秋》:"何无忌母,刘牢之姊也。无忌与高祖谋,夜于屏风里制檄文,母潜橙于屏风上窥之。"橙即凳,亦即几,因知魏晋时已有几,前引《萧翼赚兰亭图》中也绘有几(萧翼坐几上),几正式陈设室内,文献中以《宋史》卷二百八十三《丁谓传》记真宗赐谓坐几为最早:"(真宗)罢谓为户部尚书……寻以谓知河南府……明日入谢……遂赐坐,左右欲设墩,谓顾曰:有旨复平章事,乃更以几进。"

〔231〕参看〔51〕。又内蒙古林东乌尔吉村兴隆山屯第二号辽墓墓室前左右隅各置木椅一只(李文信《东北考古报告》,《第三届考古工作人员训练班教材》),河北赤峰辽故驸马赠卫国王墓南侧室东、南壁下原设有柏木桌(郑绍宗《赤峰县大营子辽墓发掘报告》),内蒙古法库叶茂台村辽墓墓室内置有石桌(《文物参考资料》1954年2期《文物工作报导》),此种以木椅、木桌和石桌实物随葬的情况,应较用砖砌出者为早。其见于较此三墓为早的文献记录如《宋会要辑稿·礼》二九:"少府监言检会永熙陵(按即太宗陵)法物比永昌陵(按即太祖陵)凶仗又增……椅二十副……又添造兀子一十副……朱漆椅卓各十。"同书《礼》

三一："太祖建隆二年（公元961）六月二日皇太后（按即昭宪皇后）崩于滋德殿……二十五日太常礼院言……其凶仗……床倚四副。"又《司马氏书仪》卷七《丧仪》三《明器下帐》条注中记随葬用小椅桌："为床、帐、茵、席、倚、卓之类，皆像平生所用而小也。"此当为明器。

［232］宋王希孟《千里江山图》现藏北京故宫博物院（图见《人民画报》1957年3月号）。

［233］宋朱锐《盘车图》现藏美国波士顿美术馆（图见《波士顿美术馆藏支那画帖》图版60）。传宋萧照《山居图》天津方若旧藏（图见日本东京美术学校《唐宋元明名画大观》6册图版49）。

［234］北宋中期以后文献记录桌椅，已渐增多，《司马氏书仪》卷上《婚仪上亲迎》条记结婚之家新房中备桌椅："前期一日，女氏使人张陈其婿之室，床榻、荐席、椅桌之类，婿家当具之。毡褥、帐幔、衾绢之类，女家当具之。"黄朝英对当时人用桌、椅两别字提出批评，似更可说明桌椅已渐普遍。《缃素杂记》卷三云："今人用倚卓字多从木旁，殊无义理。字书从木从奇乃椅字，于宜切，诗曰：其桐其椅是也。从木从卓乃桌字，直教切，所谓桌船是郎是也。倚卓之字，虽不经见，以鄙意测之，盖人所倚者为倚，卓之在前者为卓，此言近之矣。何以明之，《淇澳》曰倚重较今，《新义》曰：倚，猗也，重校者，所以为慎固也。由是知人所倚者为倚。《论语》曰：如有所立卓尔。说者谓：圣人之道，如有所立，卓然在前也，由是知卓之在前为卓，故《杨文公谈苑》有云：咸平、景德中，主家造檀香倚卓一副。未尝用椅棹字，始知前辈何尝谬用一字也。"又据黄庭坚刀笔，知北宋木桌之制已渐复杂，有装抽屉内置灯的临摹书画专用桌，参看［107］；又有放置方便的折叠桌，《山谷老人刀笔》（北京大学图书馆藏明刻本）卷十八，《离戎州至荆绪与东川路分武皇城》之三："斤竹若早得数本封来甚幸，折叠卓子必为留意。"同书卷十八《与东川路分武皇城》之六："前日发徐福回上状当已彻几格，次日复奉手诲寄惠笋芽、山药、木笋，甚荷眷意。折叠卓子烦调护，曲尽物宜，荷眷恤之意不浅也。"降及南宋，桌、椅、几之类陈设，遂行普遍。城市中的一般家庭似均已备置矣，《清平山堂话本·简帖和尚》中的一段记录，可资佐证："当时随这姑姑家去，看守家里没什么活计，却好一个房舍，也有粉青帐儿，有交椅、卓、凳之类。"

［235］日本奈良正仓院南仓藏有约为唐代的紫檀木架（《东瀛珠光》5辑图版281）一件，甚矮小，原当置于床上。其形式和第一、三号墓壁所绘的衣架及第一号墓所绘的巾架均甚相似。

［236］《老学庵笔记》卷四："今犹有高镜台，盖施床则与人面适平也。云禁中常用之，特外间不复用也。"由此可知南宋初置于床上的镜台已经逐渐淘汰。

［237］宋人《雪山行旅图》旧藏北京故宫博物院，现藏台湾（图见《故宫书画集》23期）。

［238］宋人《文姬归汉图》现藏美波士顿美术馆（图见《波士顿美术馆藏支那画帖》图版64—65）。

［239］欧阳修《欧阳文忠公集》（《四部丛刊》影印元刻本）卷一百二十七《归田录》

二：“石曼卿磊落奇才，知名当世，气貌雄伟，饮酒过人，有刘潜者，亦志义之士也，常与曼卿为酒敌，闻京师沙行王氏新开酒楼，遂往造焉，对饮终日。”

〔240〕《东京梦华录》卷四《会仙酒楼》条：“州东仁和店新门里会仙酒楼正店，常有百十分厅馆，动使各各足备，不尚少阙一件。大抵都人风俗奢侈，度量稍充，凡酒店中不论何人，止两人对坐饮酒，亦须用注、碗一付……"

〔241〕一人独据一桌一椅，北宋中期以降尚是官宦家庭中之一般风习，《司马氏书仪》记居家各种礼仪，凡提及桌椅处，皆如是安排，其中最明显处为卷四《婚仪·妇见舅姑》条所记："平明舅姑坐于堂上，东西相向，各置卓子于前，赞者见妇于舅姑，妇北向拜舅于堂下，执笲，实以枣栗，升自西阶，进至舅前，北向奠于卓上，舅抚之，侍者撤去。妇降又拜舅，毕，乃拜姑……执事者设席于姑之北，南向设酒壶及注杯卓子于堂上……舅姑侍者各置一卓子。上食毕，妇降拜舅，升洗杯斟酒舅卓子上，降，俟舅举酒饮毕，又拜，遂献姑，姑受而饮之，饮如献舅之仪。"温公著《书仪》之年不可考，但由书中记事可以推知为其晚年之著，温公卒在哲宗元祐元年（公元1086）即较第一号墓只早十四五年，因此可以推证一桌二椅夫妇对坐在兴建第一号墓的年代中，尚是兴起不久的新习俗，而此新习俗在不久以前尚为士大夫家（如司马光）所不取。至于它流行于一般家庭，根据各方面证据，似也不能早于北宋末，参看〔51〕。又山西绛县裴家堡金（？）墓（张德光《山西绛县裴家堡古墓清理简报》）、山西垣曲东铺村金大定二十三年（公元1183）墓（吕遵谔《山西垣曲东铺村金墓》）、山西稷山涧山乡金墓（山西省文物管理委员会发现，尚未正式发掘。承畅文斋同志见告）、山西平定县东回村元墓（山西省文物管理委员会《山西平定县东回村古墓中的彩画》）中皆有此种内容的壁画。椅可单独陈设，不必与桌相并，此种情况，似愈早愈甚。〔230〕所录椅之记载，皆单言椅未及桌，盖休憩坐椅，如有需要再临时设桌，传五代顾闳中《韩熙载夜宴图》连续绘画一故事，其二、三段进食置桌，其余一、四、五段则只坐椅，正可说明此中消息（参看〔44〕）。而〔230〕所引《墨客挥犀》卷七记："(韩魏公)特设一桌……致玉盏其上"之特设一词，亦可解释矣。此单坐一椅北宋末似尚流行，宋王希孟《千里江山图》中绘有庭院七十处，可以窥出庭院居室中设有椅、几之类陈设者共七处，其中五处为单绘一椅，另外二处单绘一几，而无绘桌者，可为旁证（参看〔232〕）。

〔242〕参看〔190〕。

〔243〕(续〔40〕)《瓮牖闲评》所记普安瓦壶一事，似据赵令畤《侯鲭录》(《知不足斋丛书》本) 卷三："陶人之为器，有酒经焉。晋安（按《瓮牖闲评》作普安，二者必有一误）人盛酒以瓦壶，其制小颈、环口、修腹，受一斗，可以盛酒。凡馈人牲兼以酒，置书云：酒一经，或二经至五经焉。他境人有游于是邦，不达其义，闻五经至，束带迎于门，乃知是酒五瓶为五经焉。"又《云麓漫钞》卷三："今人呼劝酒瓶为酒京……盖自晋安人语，相传及今。"按《云麓漫钞》书前有开禧二年（公元1206）赵彦卫自序，是酒京一词，十三世纪初尚沿用未绝。又宋李嵩《水殿招凉图》中绘此种瓶与酒注同列（参看〔56〕），其物盛酒，可更无疑。

〔244〕(续〔42〕)骨朵名称来源,题丁度《集韵》(《楝亭五种》本)卷二肫:"胍肫,大腹貌。一曰椎之大者,故俗谓仗头大为胍肫。关中语讹为胍檛。"《鹤林玉露》卷十二简作檛:"(唐)太宗有骏马,曰师子骢,极猛悍,太宗亲控驭之,不能驯。则天时侍侧曰:惟妾能制之。太宗问其术。对曰:妾有三物,始则捶以铁鞭,不服则击以铁檛,又不服则以匕首断其喉尔。"《云麓漫钞》卷二又谓原作骨菜:"军额有御龙骨朵子直,《宋景文公笔记》云:关中谓大腹为孤都,语讹为骨朵。非也,盖挝字古作菜,尝饰以骨,故曰骨菜。后世吏文略去草而只书朵。又菜朵音相近,讹而不还,今人尚有挝剑之称,从可知矣。"按骨朵(菜)、胍肫(檛)、孤都皆为"声随形命,字依声立"之连绵词,赵彦卫所释固失之凿,然亦不必论何者为何者之讹。程瑶田《果嬴转语记》(《安徽丛书》本)云:"双声叠韵之不可为典要,而唯变所适也。声随形命,字依声立,屡变其物而不易其名,屡易其文而弗离其声,物不相类也而名或不得不类,形不相似而天下之人皆得以是声形之,亦遂摩或弗似也。姑以所云果嬴者推广言之……果嬴之名无定矣……又转为花孤毒,或曰花骨朵……(胍肫)今《集韵》曰椎,曰仗头。则花之初作苞也仿佛似之,后人依声作字,遂屡易其文与……果嬴、蒲卢肖物形而命之,非一物之专名矣……凡上所记,以形求之,盖有物焉而不方,以意逆之,则变动而不居,抑或恒居其所也,见似而名,随声义在,愚夫愚妇之所与知,虽圣人莫或易焉者也。"魏建功《古音系研究》(北京大学排印本)《研究古音系的方法》一章更进而追论此类连绵词读音与含义之规律:"凡舌根舌头爆发音的连绵词是事物突起或沸涌椭圆或锥的形况语根。语根代词'科斗'、'骨朵'、'疙疸'。"至于〔42〕所引《武经总要》前集所说:"(骨朵)其形如脈(胍)而大"、《鹤林玉露》之作"檛"以及后日之作瓜 [方以智《通雅》(康熙刻本)卷三十六《器用、戎器具》条:"棓谓之梲,椎首谓之檛,一曰骨朵……即长柄午檛、卧瓜、立瓜……之类"],盖与《尔雅》(《四部丛刊》影印宋刻本)卷中释器:"不律谓之笔"、《仪礼》(《四部丛刊》影印明刻本)卷七大射仪郑注:"狸之言不来"之类的连绵词同例,即胍、挝(檛)、瓜者,骨朵、胍肫、孤都之合声也。此外吴处厚《青箱杂记》(涵芬楼排印本)卷七:"昔徐温子徐知训在广陵作红漆柄骨朵,选牙队百余人执以前导,谓之朱蒜。"与《武经总要》前集所云之蒜头,皆取其形似而名之也。

〔245〕(续〔230〕)《唐语林》卷六:"(颜鲁公)奉使李希烈,春秋七十五矣。临行……命取席固圜其身,挺立一跃而出。又立两藤倚子相背,以两手握其倚处,悬足点空,不至地三二寸,数千В下。"按王谠北宋人,所记颜鲁公事不知何所据 [陈振孙《直斋书录解题》(武英殿聚珍本)卷十一:"《唐语林》八卷,长安王谠正甫撰。以唐小说五十家,仿《世说》分门三十五,又益十七,为五十二门。"],如无问题,倚子之见著录当以此为最早,因真卿奉使李希烈在德宗建中四年(公元783) [《旧唐书》卷十二《德宗本纪》上:"(建中)四年春正月……庚寅李希烈陷汝州……甲午遣颜真卿宣慰李希烈军"],较《金石萃编》所录贞元十三年(公元797)《济渎庙北海坛祭器杂物铭碑阴》尤早十余年。

# 图 版

图版壹

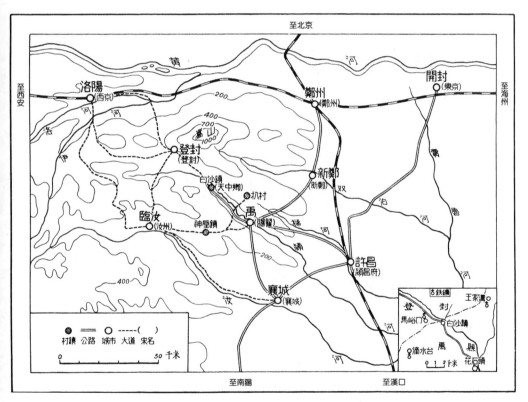

白沙附近图（舒化章绘）

图版贰

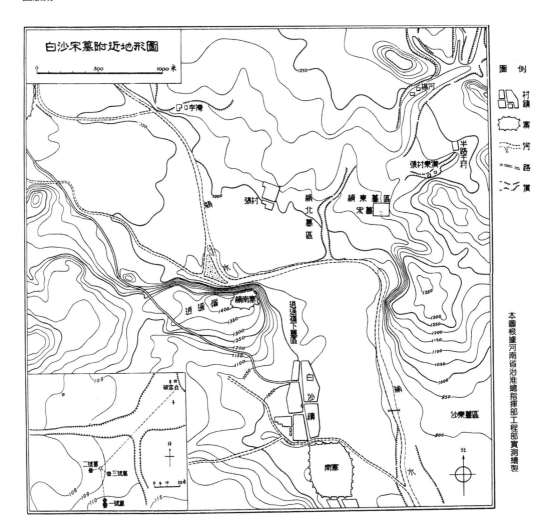

白沙宋墓附近地形图（舒化章绘）

图版叁

Ⅰ 白沙水库的拦水坝和宋墓位置（彭华士摄）

Ⅱ 白沙第一、二、三号宋墓的位置

图版肆

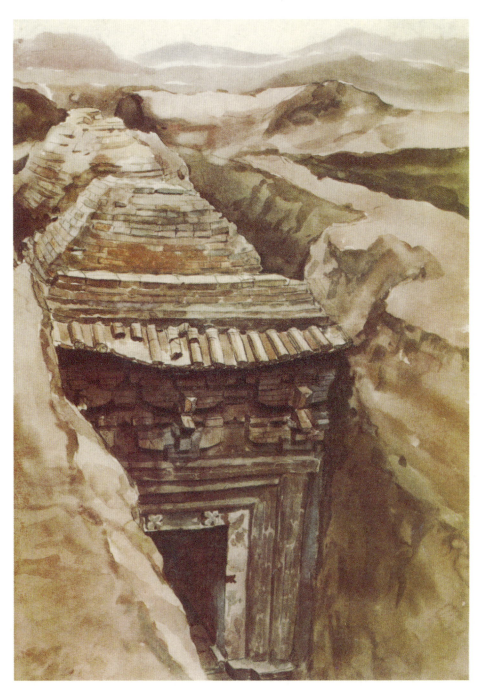

第一号墓外部写生（杨之光绘）

图版伍

I 第一号墓——从前向后

II 第一号墓——从后向前

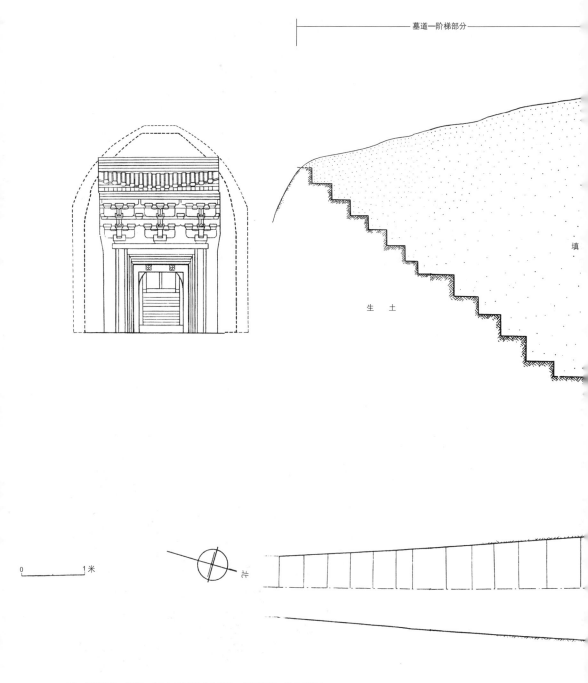

第一号墓平面、仰视、立面、剖面图（余鸣谦、刘慧达测，舒化章绘）

图版 161

图版陆

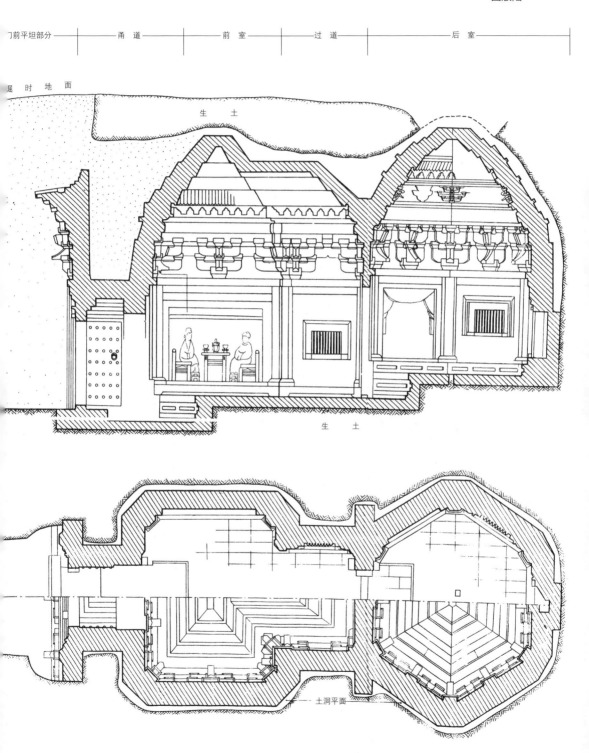

图版柒

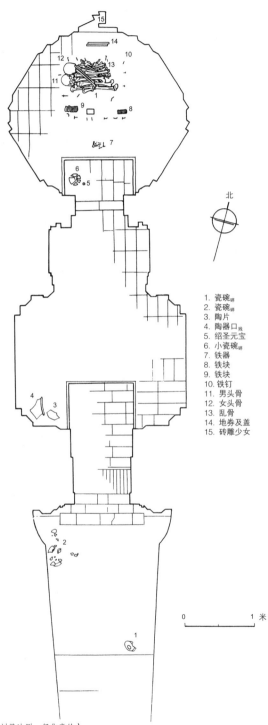

1. 瓷碗残
2. 瓷碗残
3. 陶片
4. 陶器口残
5. 绍圣元宝
6. 小瓷碗残
7. 铁器
8. 铁块
9. 铁块
10. 铁钉
11. 男头骨
12. 女头骨
13. 乱骨
14. 地券及盖
15. 砖雕少女

第一号墓遗物分布图（刘慧达测，舒化章绘）

图版捌

I 第一号墓墓门（彭华士摄）

II 第一号墓墓门后部、甬道东壁

图版玖

I 第一号墓甬道顶（彭华士摄）

II 第一号墓南壁中间下部——前室入口

图版拾

Ⅰ 第一号墓前室南壁铺作

Ⅱ 第一号墓前室东壁铺作（彭华士摄）

图版拾壹

第一号墓前室西北隅铺作（原色版，彭华士摄）

图版拾贰

Ⅰ 第一号墓前室西南隅铺作

Ⅱ 第一号墓前室西壁铺作（彭华士摄）

图版拾叁

Ⅰ 第一号墓前室东北隅和过道东壁铺作（彭华士摄）

Ⅱ 第一号墓过道北壁铺作（塌毁）

图版拾肆

Ⅰ 第一号墓过道东壁

Ⅱ 第一号墓过道北壁下部——后室入口

图版拾伍

第一号墓前室、过道顶——丁字盝顶式宝盖（原色版，彭华士摄）

图版拾陆

Ⅰ 第一号墓后室南壁——后室入口背面

Ⅱ 第一号墓后室北壁铺作（彭华士摄）

图版拾柒

Ⅰ 第一号墓后室西南、西北壁铺作

Ⅱ 第一号墓后室东南、东北隅铺作上面的小铺作

图版拾捌

Ⅰ 第一号墓后室西北壁铺作上面的小铺作

Ⅱ 第一号墓后室顶

图版拾玖

1 第一号墓甬道西壁壁画（彭华士摄）

Ⅱ第一号墓甬道东壁壁画（彭华士摄）

图版贰拾

第一号墓前室南壁壁画

图版贰壹

Ⅰ 第一号墓前室南壁东部壁画（彭华士摄）

Ⅱ 第一号墓前室南壁西部壁画（彭华士摄）

图版贰贰

第一号墓前室东壁壁画（原色版，彭华士摄）

图版贰叁

第一号墓前室西壁壁画（原色版，彭华士摄）

图版贰肆

Ⅰ 第一号墓前室北壁西部

Ⅱ 第一号墓前室北壁东部

图版贰伍

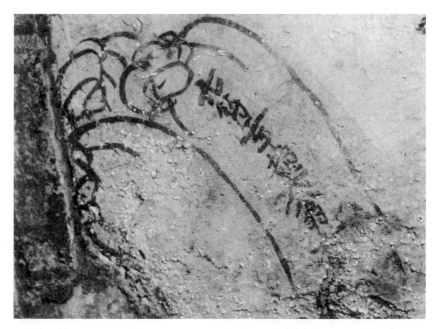

Ⅰ 第一号墓过道东壁下部壁画和纪年题记（彭华士摄）

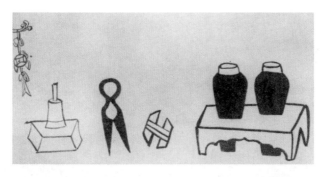

Ⅱ 第一号墓过道西壁下部壁画（潘絜兹摹）

Ⅲ 第一号墓后室西北壁下部壁画（刘凌沧摹）

图版贰陆

Ⅰ 第一号墓后室东南壁壁画

Ⅱ 第一号墓后室东南壁壁画细部

图版贰柒

I 第一号墓后室东北壁

II 第一号墓后室西北壁

图版贰捌

第一号墓后室西南壁壁画（原色版，彭华士摄）

图版贰玖

第一号墓后室北壁（原色版，彭华士摄）

图版叁拾

1 第一号墓后室北壁下部

Ⅱ 第一号墓后室北壁假门外的妇女雕像

图版叁壹

Ⅰ 第一号墓后室北壁下部和地券人骨

Ⅱ 人骨和部分铁钉

Ⅲ 地券

图版叁贰

Ⅰ 第二号墓——从前向后

Ⅱ 第二号墓右侧面

190　白沙宋墓

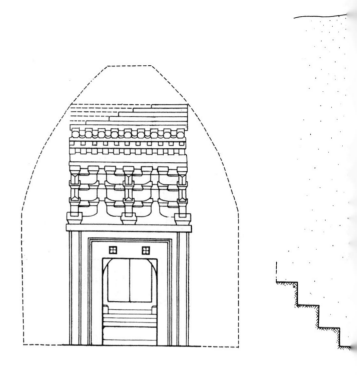

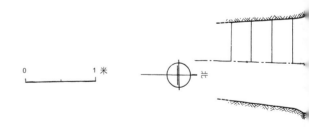

第二号墓平面、仰视、立面、剖面图（余鸣谦、刘慧达测，舒化章绘）

图版叁叁

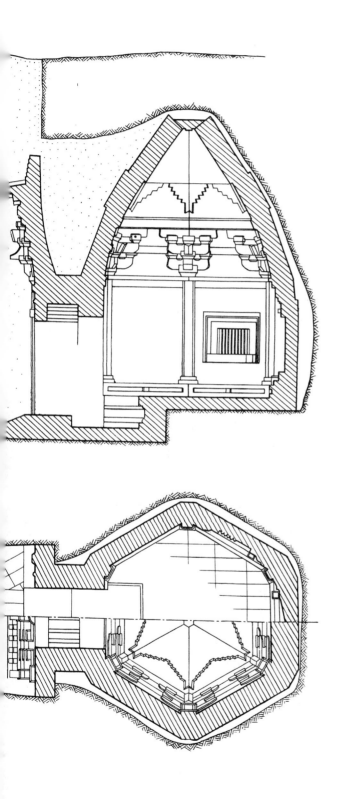

图版叁肆

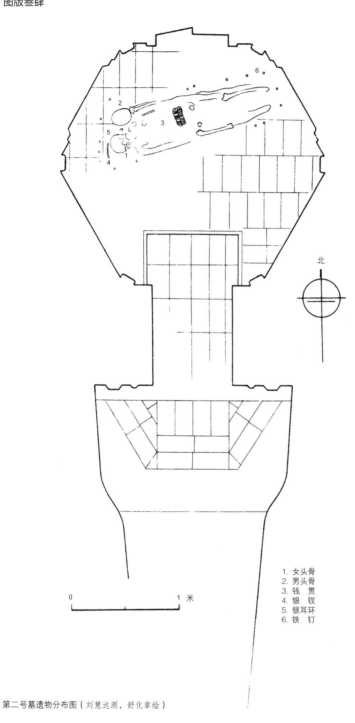

1. 女头骨
2. 男头骨
3. 钱贯
4. 银钗
5. 银耳环
6. 铁钉

第二号墓遗物分布图（刘慧达测，舒化章绘）

图版叁伍

I 第二号墓正面

II 第二号墓墓门和封门砖

图版叁陆

Ⅰ 第二号墓墓室南、西南壁铺作

Ⅱ 第二号墓墓室顶

图版叁柒

Ⅰ 第二号墓甬道西壁壁画（叶浅予摹）

Ⅱ 第二号墓甬道东壁壁画（叶浅予摹）

图版叁捌

Ⅰ、Ⅱ 第二号墓墓室东南壁壁画（原色版，彭华士摄）

图版叁玖

第二号墓墓室西南壁壁画（原色版，彭华士摄）

图版肆拾

第二号墓墓室南壁壁画（原色版，彭华士摄）

图版肆壹

Ⅰ 第二号墓西北壁

Ⅱ 第二号墓西北壁左窗砧处的白瓷小碗

图版肆贰

第二号墓墓室北壁（彭士华摄）

图版肆叁

Ⅰ 第二号墓墓室砖床上的二具人骨

Ⅱ 人骨头部和银钗、银耳环

Ⅲ 人骨腹部和钱贯

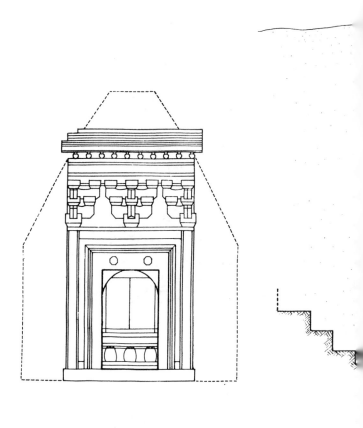

第三号墓平面、仰视、立面、剖面图（刘慧达测绘）

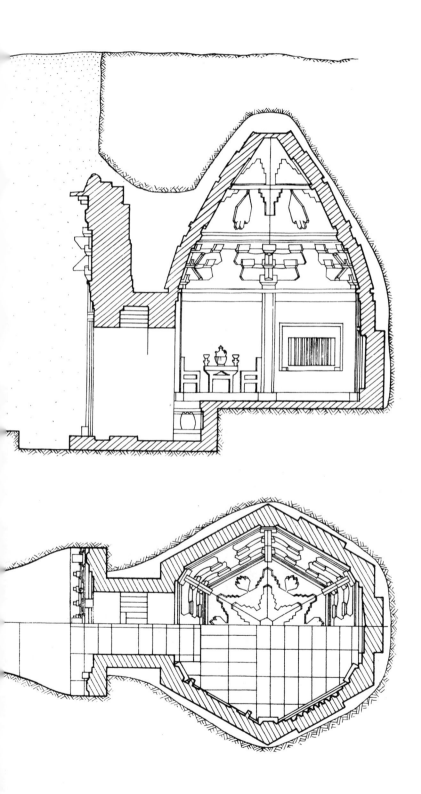

图版肆肆

204 白沙宋墓

图版肆伍

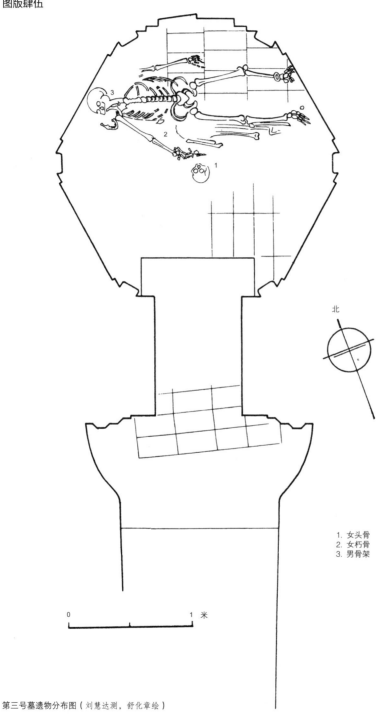

北

1. 女头骨
2. 女朽骨
3. 男骨架

0　　　　　1 米

第三号墓遗物分布图（刘慧达测，舒化章绘）

图版 205

图版肆陆

Ⅰ 第三号墓西面

Ⅱ 第三号墓墓门上部

图版肆柒

Ⅰ 第三号墓甬道东壁壁画（董希文摹）

Ⅱ 第三号墓甬道西壁壁画（董希文摹）

图版肆捌

第三号墓南壁上部（原色版，彭华士摄）

图版肆玖

Ⅰ 第三号墓墓室西南壁壁画

Ⅱ 第三号墓墓室东南壁下部

图版伍拾

Ⅰ 第三号墓墓室砖床上的二具人骨

Ⅱ 人骨头部

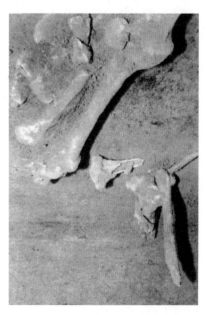

Ⅲ 人骨足部

# 后 记

1957年7月三校讫。时距初稿写就，已三年有余。此三年间，新材料不断发现、发表，各地师友又随时惠示见闻，因此，报告初稿亦不得不屡有增删，其中变动较多处，为插图和注文部分。由于改动的时间有先有后，且自1956年6月以来，身体不适，苦于构思，因而未能仔细全部重订一遍，体例既不能斠若划一，行文亦难期前后一致，排比材料的注文更不免挂一漏万，至于报告最后一节——《与三墓有关的几个问题》和一部分注文尤感疏于考虑，诸希读者原谅、指正！

报告初稿承向达先生、夏鼐先生、苏秉琦先生、陈明达先生、谢元璐先生、单庆麟先生审阅，并蒙提示意见、指正错误，谨此致谢。

此外关于文中引文体例和照片、线图的摄绘以及附册之外文提要等，尚需补充说明者有以下七事：

一、注文引书（包括单行的论文）只于第一次引用时，注明作者与所用的版本。以后从略。至于图版书籍和一部分近代所印图书，因少异本流传，所以第一次引用时，版本一项亦从略。

二、注文引论文只于第一次引用时，附注刊物名与期数。以后从略，但书作者姓名，以别于前项。必要时，附记第一次引用之注号，以便寻检。

三、古画标题多相同或相似，而古画本身又时有原本、摹本等问题，因此注文引用传世古画，每次皆注明时代、作者，以免混淆。

四、插图未注明绘制人者皆著者速写。因为不是仔细的摹绘，所以皆在插图目次和相应的注文中注明所据或原物藏所，读者如拟进一步研究时，请检原书或原物。

五、文中所引图像或实物材料未记出处者，多据著者所藏照片或实物，亦有采自著者据原物摹绘之速写簿者。

六、发掘工作的照片插图和图版照片未注明拍摄人者，皆著者与刘慧达同志合摄。

七、英文提要系宋梁先生译，并承颜鹏飞、张芝联先生校正。谨此致谢。

宿 白

1957年7月写于北京大学

# 附　录

## 从许昌到白沙

一九五一年十二月十二日夜，我们一行五人由北京出发，乘京汉路火车去河南禹县白沙水库工作。到许昌下车后改乘汽轮马车西北行经灵井镇、泉店乡抵禹县白沙镇（插图一）。

中州多旧迹，沿途废城、古冢迤逦不绝，殷周陶片、汉画像石、花纹砖、唐宋瓷片更随处可见，可是任务紧急，不容我们多耽搁时间做些勘察工作，所以当时的行程记录不是简单草率，就是没有图片。最近为了编写白沙宋墓报告整理了一下各种记录，觉

插图一　许昌到白沙的路线

得还可以在这份不完全的行程记录中择录出一部分河南比较少的古建筑材料，略为编次，供给留心河南文物的同志们参考。

### 一　许昌民居、家具杂记

许昌多硬山砖建民居，其砌砖方式与北方不同，大约都在八行到十二行横砖之上，施陡砌丁砖一行，这种砌法可能由于此地黄土性黏，墙心所填塞之黏土，可以增强墙心与砖皮之间的黏着力，所以不必如北方常见的"一横一丁"耗用砖块较多的作法。砖墙间多嵌汉花纹砖：有的是无次序的杂排在新砖之间，这是单纯地利用旧料；有的是有意利用花砖嵌作装饰，排列有序。花纹样式甚多，其中也颇有不经见的（插图二）。山墙多装饰，博缝砖下施拔檐线二层，上层作细齿纹

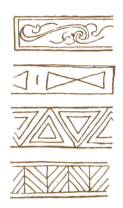

插图二　许昌民居砖墙内所嵌的花纹砖举例

插图三　许昌民居山墙上的悬鱼惹草

插图四　许昌民居山墙

（插图四），其下影作或影塑悬鱼惹草，悬鱼惹草的组织多用忍冬纹。较大的歇山顶建筑，不着惹草，只用大悬鱼，此大悬鱼多琉璃造，其组织也流行用忍冬（插图三）。

　　许昌版筑民居檩头都伸出版筑的硬山山墙之外，这样处理檩头，大约由于檩头完全封闭在土墙之内，一遇雨水即易为土中所含酸素所侵蚀，为了防止檩头受蚀，因而使之伸出通风，但年月经久，风雨日晒，此伸出部分虽然未蚀毁，但也逐渐露筋糟损，假如展宽屋顶所铺砌的草或瓦，使各檩头有所掩护，而各檩头的挑出部分也排列取齐，并安装博缝，则这种毁损就可减轻，同时也增加美观，于是原来的"硬山露头造"就变成了悬山造。悬山屋顶之形成过程，得此许昌版筑民居之例，似乎又出现了一个新的线索。

 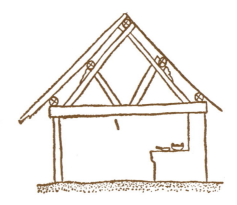

插图五　许昌河南大旅社南房的梁架　　　　　插图六　许昌西关某饭铺的梁架

　　许昌民居中最值注意的是梁架上应用大叉手。叉手的结构有二种形式：一种是比较简单的如离车站不远河南大旅社的南房，房面阔三间，当中二架梁栿之上置大叉手——当地叫举手，承托前后金檩和脊檩，前后金檩之下设木楔防其下移（插图五）；一种比较繁杂如西关某饭铺，又在前后金檩下置斜撑（插图六）。梁架上单单用叉手的作法在殿堂建筑中，唐以后即不复见，而这里的现代民居却还在流行[1]。研究古建筑不能不注意现代的民间建筑，这倒是一个非常具体的例证。

　　许昌旧式家具，多存宋制，如桌椅用圆足，侧脚和收分俱甚显著（插图七）。又如巾架上方横撑两端上翘，雕刻兽首（插图八）。家具的装饰花纹，也和民居山墙相同，流行用忍冬，旧式的桌椅（插图七）、巾架（插图八）如此，新制格子门的腰华板上也如此（插图七）。忍冬纹是六朝晚期主要的装饰纹样，唐初即逐渐为"初期的枝条卷成"所代替，宋以来似即无闻，而此处竟沿用迄今不歇，并且还发展成各种式样的组合[2]，此种情况正和前面所说的叉手极似，考古不知今，实在是难以想象了。

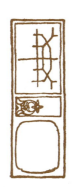   

插图七　许昌的家具　　　　　　　　　　　插图八　许昌禹县的巾架

## 二　灵井镇的明建群

灵井镇在许昌城西十五公里，镇中间有灵井大庙，为许昌十景之一——"灵泉瑞溢"。庙位镇街北。三门内有灵泉，泉上覆以三檐小阁（插图九），檐下列四踩单昂，上檐平身科一朵，中、下檐平身科各二朵，昂的颤杀颇平。柱头科昂未加宽与平身科同。角科的角昂、由昂也未加宽。上檐作歇山顶。三檐翘角甚厉。阁内外柱集中四隅，中容灵泉，泉上自阁顶垂塑一龙，龙首下俯。

三门外隔镇街建观音堂（插图一〇），堂小巧，单檐歇山顶，斗栱、翘檐和灵泉阁同。堂南壁外面下方置一石雕龙首，龙口吐水，水贮成一池，此水即由灵泉暗引至此者。

泉阁北为水母大殿，面阔五间，进深三间，单檐歇山顶，斗栱略同泉阁，中供水母塑像，像前用汉画像石墓门一扇支撑石供桌。

殿北为后殿，近代所建。其前列碑六：成化十六年重修灵井亭碑记，成化十年重修灵井庙记，万历二十四年重修灵井庙池记，三碑在殿外西侧；嘉靖四十三年重修灵井庙记，万历十九年重修灵井□□门□记，乾隆三十三年重修天师殿井楼善士题名碑，三碑在殿外东侧。

后殿西为西大殿，面阔五间，进深三间，硬山造。按道光《许州志》卷首所附"灵泉瑞溢图"，西大殿之东有墙与后殿、水母大殿隔

插图九　灵井大庙灵泉阁

插图一〇　灵井大庙观音堂

绝，因知此西大殿原不属灵井大庙，但现已打通。

以上观音堂、灵泉阁、水母大殿和庙西的西大殿，依其建筑形式、斗栱组织，约皆明代所构，清初或略加修整。古建不多的河南，得此一群明清间物，也颇不易。

## 三　泉店乡的古迹

泉店乡在灵井镇西北，为许昌、禹县间的大镇，来往车马多小憩于此。镇内民居墙内多杂有汉花纹砖，砖和在许昌常见者不同，较之为宽大，花纹中部横贯凹下方形纹饰一行或二行（插图一一），这种花纹砖根据以后白沙的发掘，知道是附近汉代小型花纹砖中最早的一种。出乡南门西行，沿公路多高大古冢，三五成群（插图一二），乡人叫它作皇粮冢。呼古冢为粮堆、粮冢，我们一向以为应限于我国边疆地区，因为凡此传说皆与历来防御边界民族入侵而发生战争时的粮秣难济有关（如山西北部阳高、云南东北昭通等地老百姓对汉墓群的传说），此在中原也呼粮冢，殊出意外。

插图一一　泉店乡民居墙上所嵌的花纹砖

插图一二　泉店乡南公路两侧的汉墓群

## 四　禹县天宁寺

天宁寺在禹县城西北隅，现为禹县县立中学校址。寺内原来建筑多已改建，唯正殿除四周后包砌砖墙、新设门窗外尚少变动（插图一三）。殿单檐歇山顶，平面方形（插图一四），面阔进深各三间。檐下斗栱都用四铺作单昂，昂面颤杀出锋，其断面作⌂形。正面柱头：单昂后尾出蝉肚绰幕，昂上为耍头，其后尾斫作楂头，紧贴在绰幕之上，再上为四椽栿。山面、背面柱头：单昂后尾出华栱一跳，昂上耍头后尾仍作耍头，再上为丁栿或乳栿。补间用圜栌斗，正背面心间各

插图一三　禹县天宁寺正殿山面

插图一四　禹县天宁寺正殿平面

插图一五　禹县天宁寺正殿转角

插图一六　禹县天宁寺正殿由昂上的角神

二朵，次间一朵，细部与山面、背面柱头同。转角在角缝上出角昂、由昂，由昂上置角神，角神倚坐昂上（**插图一五、一六**），用头颅支撑老角梁，与常见作蹲踞状以头、肩上撑老角梁者不同。内外柱用石柱，外柱方形，内柱减去前面二柱，断面作八角，柱头置栌斗，口衔四出耍头以承自前来之四椽栿和自后来之乳栿。梁架颇简单朴素，多利用原来木材之天然弯曲。四椽栿、乳栿之上又置四椽栿，其上置平梁，平梁上立斗子蜀柱，上承襻间脊槫。普拍方甚扁，两端出头刻海棠曲

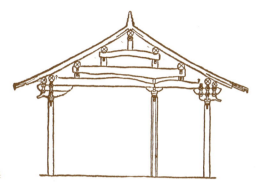

插图一七　禹县天宁寺正殿梁架

线。阑额略宽,两端出头斫作楂头样(插图一七)。

按此寺据道光《禹州志》卷十四《寺观志》所载,自明以来即无大兴建:

"天宁万寿寺,州西北隅。宋崇宁元年创建。金末毁。元大德三年重建。僧正崇威重修。明洪武十五年赐崇威符验一道。永乐、洪熙年俱赐敕一道。"

揆之内柱布置、斗栱比例和细部以及普拍方、阑额之制,也和元末建筑相类,唯平梁以上只用斗子蜀柱,转角撩檐槫上架斜枋等项,当为后代修葺时所改动。

## 五　禹县"八角琉璃井"

禹县城内古钧台南街路西有关帝庙,庙南邻为一"佛堂",内奉一"古塔","塔"(?)石制,县人传言此塔底八角,因名"八角琉璃井"[3]。其状上置宝珠,下设屋檐式之相轮(?)五层,其一已毁,再下为覆钵,钵下为面阔、进深各三间之小殿,殿檐下雕斗栱,转角出四抄偷心,补间分两层,中以柱头枋隔之,枋上为一斗三升,枋下为斗子蜀柱。小殿下为台基,台基四周绕以城垣,垣每面正中雕城门、双阙、角楼,城门上雕歇山顶重檐城楼和夹屋,城楼下列二门,门顶起过梁,其式杀上二角,门内各雕门二扇,每扇雕门钉六行,行四钉,自上数第三行门钉下的外侧设门环。双阙上之阙楼和垣隅之角

插图一八　禹县"八角琉璃井"及其细部

楼亦作重檐顶。城垣下为仰莲、束腰、覆莲之莲座，仰覆莲上雕璎珞，束腰上雕作嵌镶宝石样。莲座下为八角座。再下为方柱，柱每面雕帷帐、璎珞。再下为土所掩，当即县人所说之八角石柱（插图一八）。

按此"塔"（？）文献无征，上面所云之"佛堂"、"古塔"，系据关帝庙外壁南侧下方所嵌之康熙二年"重修古塔记"、乾隆十九年"重修关帝庙佛堂记"、道光二十三年"重修关帝庙东壁佛堂记"三石碑。碑文内容多记捐款人姓氏及灵应等事，也无此"塔"（？）的建置年代。我们依其形制，初步估定此物当为经幢之上部，幢身即为土所掩之八角石柱。此幢形式略近河北赵县城内北宋景祐五年所立的经幢，但赵县幢全幢各部皆作八角形，此则尚多四角部分，并且此幢上部小殿雕二层补间，城垣正中设二门以及嵌镶宝石样之束腰莲座，都似为更早之制，因此它的年代或较景祐五年为早。

## 六　白沙关帝庙

关帝庙在白沙镇东，现为白沙中心小学校址。庙以正殿建筑较古（插图一九）。平面略近方形（插图二〇）。面阔、进深各三间。内外柱布置聚于四隅，因此殿中心较空敞，置关帝像，像已毁。殿单檐歇山顶，九脊用琉璃砖瓦，正脊之琉璃雕砖和戗脊的琉璃瓦饰，都极精

插图一九　白沙关帝庙正殿

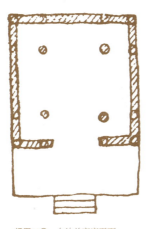

插图二〇　白沙关帝庙平面

插图二一　白沙关帝庙正殿的琉璃瓦饰

美，而戗脊下端踞坐之武士更为生动（插图二一）。檐下斗栱都用四踩单昂（插图二二），柱头单昂前后厢栱两侧杀成斜面，十八斗、三才斗皆作尖端向前之五角形，昂面颇杀出锋，下雕假华头子。其后尾出翘，蚂蚱头后尾仍雕作蚂蚱头，其上承双步梁（插图二三）。平身科心间二朵，次间一朵，细部略同柱头，唯用圆坐斗。梁架结构较繁琐，盖由于牵就所用之木材（插图二四）。平板枋甚扁，两端刻海棠曲线。额枋甚厚，断面略近椭圆形，但两端出头处尚沿垂直截去之旧制。

殿外东侧有大明正统八年重创义勇武安王庙记碑记，碑记此庙修建年代：

插图二二　白沙关帝庙正殿的斗栱

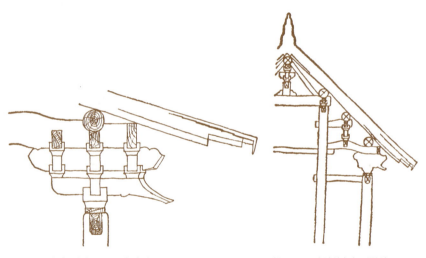

插图二三　白沙关帝庙正殿正面柱头科　　　　插图二四　白沙关帝庙正殿梁架

庙创于元至正九年，再修于洪武丙寅……历年既久，日就摧颓，前后军都督府经历刘文明等相其狭隘不足改为，乃营以歇山转角[4]，如古王者殿廷之制。于是采巨木于山林，陶砖瓦于窑灶，焦思劳神，至手胼足胝，工善众勤，晨夜展力，肇工于宣德七年，毕工于宣德九载，用楮宝二十五万，庙庭始就。殿之栋梁修广榱题柱廊弘以大金碧辉煌，丹青炫采，廉隅整饰，翼矫翚飞，伟然为一方雄观。

按此殿斗栱、平板枋、额枋之制，以及平梁上之叉手尚宽厚有力，似皆与碑文所记之年代符合。

（此文刊《文物参考资料》1956年4期。文中所附线图，皆据当时速写簿描绘，并未实测。）

### 注释

〔1〕 现代民居应用叉手，除许、禹地区外，一九五二年又曾在郑州发现。据清华大学赵正之先生讲山东地区也极流行。
〔2〕 现在沿用忍冬纹的地区甚广，冀、鲁、晋、陕、甘、豫等北方各省的中小城市和乡间几随处可以发现。
〔3〕 "八角琉璃井"一名不可解，但用幢镇水的传说似较普遍，如沈阳故宫前面的"大石面"（辽幢），群众即传言其下为"海眼"。
〔4〕 此为"歇山"见于文字记载的最早记录。依文义推之，当以"歇山转角"为一词，若然，则后日歇山或为歇山转角之省。

# A BRIEF DESCRIPTION OF THE THREE SUNG DYNASTY TOMBS EXCAVATED AT PAI-SHA

( Summary )

## Foreword

During the latter part of the year 1951, when a certain reservoir at Pai-sha was under construction, several hundreds of tombs dating variously from the time of the Warring States down to the Ming dynasty were found in its vicinity.

In December of the same year, the Bureau of Cultural Objects of the Ministry of Culture of the People's Republic of China organized a Pai-sha Commission to participate in the work of digging in the aforesaid area. The following is a description of three tombs excavated in the course of the digging operations and ascertained as belonging to the Sung Dynasty.

Pai-sha is a Chen (village-town) of Yu Hsien in Honan Province, on the west bank of the upper stream of the Ying River. The tombs were found in a valley north of this town. The valley is practically encircled by mountains, with the Ying River meandering through it from the north to the south. Flanked by mountains on three sides and facing a river, such a location was claimed to be a site of good auspices by geomancers of the T'ang and Sung Dynasties.

The ancient route southeastward from Loyang via Hsuchang follows the course of the Ying River and passes right through Pai-sha. During the Han dynasty, an Iron Office was installed near Pai-sha where the mining of iron ore was continued up to the end of the Ming or beginning of the Ch'ing dynasty. By the time of the Northern Sung Dynasty, many ceramic workshops or kilns had been established in the neighbourhood of Pai-sha. It appears that Pai-sha, which was then known as T'ien-Chung Hsiang (village) of Tengfeng Hsien, was quite prosperous in those days. This is corroborated by the fact that a Hsing Kuo Temple of considerable magnificence was built there during the Northern Sung period. That the Sung tombs found at Pai-sha are of the most extravagant type, is also evidence of its former prosperity.

## Tomb No.1

The first tomb located in the northern part of the "East Ying River Tomb Area" (颍东墓区) was discovered in November 1951, when the workers of the reservoir were digging about one meter under the ground. It was not until December 19th, however, that proper excavation work was started and it was finished at January 11th, 1952.

The tomb faces straight south, and is of the brick compartment type. A stairway at the south leads to it. The tomb is made up of five parts: the gateway, the hall-way, the ante-chamber, the passage, and the back-chamber, all built after the current style of wooden architecture above ground. The gateway takes the form of two columns surmounted by a beam. Inside the gate, that is to say, in the hallway, two mimic brick doors, stand in relief on the surface of the two walls. The ante-chamber, rectangular in shape, is almost completely occupied by a brick bed in the form of an inverted concave. North of the ante-chamber is a narrow long passage, on each of whose two walls a mimic window is laid. North of the passage is the back-chamber. The vault over the ante-chamber and the passage are so joined as to form the letter "T". The back-chamber, which is hexagonal cone-topped, is also made up of a brick bed. A mimic window is built on the northeast wall and another on the northwest. On the north wall there is a mimic door, the left half of which stands ajar. Outside the door stands a brick-sculptured woman in the attitude of opening the door and entering. In the middle of the brick bed in the back-chamber found two skeletons, one of a man and the other woman, with the skulls on the western part of the bed, the man skull the north and the woman skull the south, both facing east, while the remainder of the skeletons are heaped promiscuously together on the east of the two skulls. From the way in which the bones are laid, it may be inferred that the buried had been removed to this tomb from elsewhere. Around the skeletons are found rows of iron nails, which were presumably removed from the coffins that had enshrined them. Few things seem to have been interred with the dead at the time of burial. North of the skeletons is found a box in which some stone tablets bearing some inscription in red and purporting to be documents relative to landed property were concealed and placed in an inverted position. A part of the characters are still legible; the first line reads: "The day of the 9th month of the 2nd year of Yuan-Fu ( 元符 ) of the great Sung dynasty, Chao ( 赵 )." To the south of the skeletons lie a pile of wornout iron wares and two rectangular pieces of iron, presumably for driving the "Shao-Sheng" ( 绍圣 ) year-mark and also a small white porcelain bowl and in the southwest corner, two fragments of earthenware. On the left of the southern end of the tomb-passage was found a white glazed porcelain bowl, and on the right of the northern end of the tomb-passage, 18 pieces of white porcelain.

The whole of the tomb is colourfully painted. With the exception of the exterior of the tomb-gate, that is to say, with the exception of the gateway which is dilapidated, the tomb is, on the whole, in a good state of preservation. On the east wall of the hallway, on the south wall of the ante-chamber and on the southeast wall of the back-chamber may be seen a series of paintings, representing, first, two men entering the tomb-gate with strings of gold and silver coins in their hands, next, standing in the front-court wall and, finally, presenting them to their mistress. On the west wall of the hallway a wine-bringing attendant, a horse etc. are painted. On the west wall of the ante-chamber, the master and the mistress of the tomb are seen banqueting and enjoying music and dancing, the scenes of which are painted on the east wall. The figures of the master and mistress of the tomb as well as the table, the chairs and other objects seem to have been first fashioned from brick and then painted with colour. On the south and north walls of the ante-chamber weapon-stands and armed guardsmen are painted. Under the imitation windows on the walls of the passage, there are drawings, too; on the east wall are painted corn-bags, one of which bears the incription, "The Second Year of Yuan-Fu, Chao the Big Sire ( 赵大翁 )", while on the west wall bottles of wine etc. are depicted. On the southwest wall of the back-chamber, the mistress is shown in the act of dressing her hair in front of a mirror. On the northeast and northwest walls under the imitation windows lanterns are painted, and on the northwest wall, a flat-iron, a small bottle, a little cat, etc. The whole imitation woodwork of the tomb is decorated with architectural paintings, characterized by patterns and designs in vogue during that period.

## Tomb No.2

The second tomb is situated northwest of the first. It was discovered on December 21st, 1951. Excavation began on the 31st of the same month and was completed at January 17th, 1952.

In respect of orientation and structure, this tomb is somewhat similar to the first. But it consists only of three parts, i. e. the gateway, the hallway and the tomb-chamber. The chamber is hexagonal, and cone-topped and it has mimic windows on the northeast and northwest walls and a mimic door on the north wall. The chamber is filled with a brick bed. In the middle of the brick bed lie two skeletons, one of a man and the other of a woman, with their heads towards the west and their feet towards the east, the male on the north and the female on the south. The skeletons are surrounded by iron nails, arranged in rows. Judging by the space taken up by the nails, it could be seen that the two skeletons were originally enclosed in one coffin. Few things seem to have been entombed with the dead, only a silver pin and a silver earring are found on the woman's head, and a string of copper and iron coins on the abdominal region of each corpse. The characters on the iron coins have mostly been obliterated by rust, while those on the copper coins "Tien-Hsi-Tung-Pao"（天禧通宝） and "Hsi-Ning-Yuan-Pao"（熙宁元宝）are still discernible, though with some difficulty. At the foot of the fight half of the mimic window on the northeast wall is found a small white porcelain bowl.

The whole of the tomb chamber is colorfully painted, but a large part of it is in a dilapidated condition. On the east wall of the hallway, two men with some thing in their hands appear to be entering the chamber. On the west wall there are a horse and two men, one carrying a big umbrella, and another holding strings of coins. On the southeast wall of the tomb chamber are painted three women, one sitting in a chair meditating and the other two standing behind her. On the southwest wall, the master and mistress of the tomb are seen sitting opposite each other banqueting. The table, chairs, etc., in the painting are of brick. On the north wall by the side of the mimic door is a girl in dark dress facing south and bending as if about to enter. The murals on the northeast and northwest walls are all in decay. The whole of the wood-imitation structure is painted with color. Apart from decorative lines, designs of twisted branches and folded leaves can also be detected. Especially rare are the red flowers and green leaves painted in the style of "moku"（没骨），

meaning not supported by ink brush designs.

## Tomb No.3

The third tomb situated northeast of Tomb No. 1 and southeast of Tomb No. 2, was discovered on January 3rd, 1952. Excavation was started on the following day, and finished on the 14th of the same month.

In point of orientation and structure, this tomb is nearly the same as Tomb No. 2, It consists also of three parts, viz. a gateway, a hallway and a tomb-chamber. The tomb-chamber is hexagonal and conetopped, and has imitation windows on the northeast and northwest walls and an imitation door on the north wall. It is practically filled with a brick bed, too. On the bed lay two skeletons but there was found no coffin nor mortuary objects whatever.

The whole of the tomb-chamber is colourfully painted, but most of the paint has worn away. On the east wall of the hallway are painted two men carrying money and other things in the manner of entering. On the west wall are pictured a man and a horse. The painting on the southeast wall of the tomb-chamber has completely worn away. In the middle of the wall there are a clothes-rack and a long-legged chest, both formed of brick. On the southwest wall there are a table and two chairs laid in the same manner as those of the first and second tombs; with this difference, however, that here only the left chair is occupied by a woman, the one on the right being vacant. Nothing in the way of painting remains on the northeast and northwest walls. The architectural decorations are about the same as those of the second tomb.

## Problems Concerning the Three Tombs

### Chronology, Relationship between the Tombs, and Social Status of the Owner of the Tombs.

*The dating*. From the inscription on the east wall of the passage and the date given in the land documents, we are able to ascertain the age of first tomb as dating from the 2nd year of Yuan-Fu of Emperor Cheê-Tzung ( 哲 宗 ) of the Sung dynasty. With regard to the second tomb, no inscription nor anything else has been found in it to indicate its date, but judging by the delicate workmanship of the wood imitation structure, the dresses and ornaments worn by the women on the murals, the change in style of the furniture, the subjects of the mural paintings as well as the appearance of iron coins, a later date must be assigned to it than to the first tomb. If the iron coin, can be relied on, the second tomb is likely to date from the reign of Huei-Tzung (徽宗) of the Sung dynasty. The date of the third tomb is even more difficult to ascertain, but judging from the change in the details of the wood imitation structure and from the increase of the brick-laid articles on the murals, it belongs probably to a period even later than the second tomb, but not later than the 6th year of Hsüan-Ho (宣和), for it is known that after that date, the region around these tombs degenerated into a land of waste and desolation.

*The relations of the three tombs*. No record or object has been discovered, by which we can tell how the three tombs are related. As they are situated so near to each other and arranged in such good order: it is quite obvious that among all the Sung tombs in the Pai-sha area they constitute a group by themselves. Such an arrangement corresponds exactly with the burial rules of the *chüeh* (角) sound (the family Chao should be buried according to the *chüeh* rules), as recorded in the T'ang-Sung Geomantic records. For instance, *the New Geomantic Record* (《地理新书》), an official geomantic record, describes the Chao-mu (left, right) burial prevalent in Honan during that time. The way in which the *chüeh* burial was done is this: first come the grave pit *ping* (丙), then followed by pits *jen* (壬) and *chia* (甲). Such an arrangement of grave pits happened to be exactly the same as that of the three tombs described above, namely the first in date situated in the south, the second in the northwest of the first and the third in the northeast of the first. This consistence is not to be regarded as merely accidental; it is on the contrary, a proof that the tombs belonged to the same family.

*The social status of the owners of three tombs*. Not a single epitaph has been found in these three magnificent tombs. In the inscription on the passage walls of the first tomb the owner of the tomb is designated simply as a "Big Sire", while in the land documents found in the first tomb no official title is given under the date. Hence we are led to believe that the owner of the tomb was neither an official himself, nor a member of the official class. We know from the other tombs of the Sung dynasty in the East Ying River Tomb Area that the Chao's family of these three tombs had lands to sell; they were apparently of the landlord class. But the fact that during the years from the

2nd year of Yuan-Fu ( 1099 ) to the end of Sung dynasty ( 1127 ), when there was a continuous rise in the prices of commodities, a common landlord could afford to build three or four magnificent tombs in succession raises a doubt as to his social status. Besides, as the mural paintings reflect the social life of that period, so the episodes must inevitably reflect the social status of the owners of the tomb. Our attention is drawn to the strings of gold and silver coins and scenes of tribute paying. From historical documents, we know that during the Northern Sung dynasty, there was a rich merchant class ( "a single deal usually involves many thousands" ), that they lived extravagantly ("their hoardings of articles have caused the rise of the value of gold and silver" ) and that payment of large bills was already made in gold and silver currencies. This last fact may be connected with the coins painted on the murals. It is therefore fairly possible that the Chao's family, the owners of the three tombs, besides being landlords, were rich merchants as well.

## Inner Structure and Arrangement of the Tomb-Chamber

*The inner structure of the three tombs and the prevalence of the small carpentry structure during the Sung dynasty.* In Chinese architecture, wood was the essential building material. Under-ground tomb compartments were modelled after the living quarters above ground and consequently their structure changed with every change of style in the wood architecture above ground. Some of the brick compartment tombs built in the Northern Sung dynasty were so richly decorated as to exceed in some parts of the common standard of wooden constructions. For instance, in the first tomb, the ornamentation on the wall base, the plantain leaves on the top of the walls and the ceilings of the three tombs, etc. are all reatures of small carpentry structure of the time. The Sung architecture handbook *Ying-Tsao-Fa-Shih*(《营造法式》) and other literary records also testify to the prevalence of small carpentry structure. Not only the emperor, the officals and the monasteris, but also the rich merchants of the cities took to the fashion. We learn from the *Tung-Ching-Meng-Hua-Lu* (《东京梦华录》) that the large shops in the Eastern Capital had their buildings decorated with the flamboyant small carpentry structure. It may thus be seen that its prevalence was closely connected with the development of city trade during that period.

*The interior arrangement of the three tomb chambers and the evolution of room decorations during the Sung Dynasty*. The interior arrangement the tomb-chambers closely imitated that of the living quarters above ground. In the tombs of the T'ang dynasty the brick beds were laid horizontally, while the coffins and other burial objects were deposited on the beds. This indicates that the beds for the living people of that time occupied a considerable part of their rooms, and that they used to sit or sleep on the beds as soon as they entered the rooms. By the end of the T'ang dynasty of the beginning of the Sung dynasty, the interior arrangement of the rooms for the living had changed in style. After the middle of the Sung dynasty, a new fashion sprang up, as evidenced by the mural paintings and brickwork on the walls of the three Sung tombs. The change consisted in the fact that chairs originally used outdoors and high tables used almost exclusively for the worship of Buddha and other divinities began to be placed in doors, while such articles as clothes-rack, chest, mirror etc. formerly placed on the bed gradually came to be put on the groung. Consequently, kneeling and squatting on the bed ceased to be habits of indoor life; instead, sitting on the chair before a high table and standing before a dressing-table whilst making toilet came into fashion. The idea of a table with two chairs for people to sit upon for a tète-a-tète as lepicted in the mural paintings of the three tombs, was very likely a novel way of fully utilizing space. According to literary records and ancient paintings now extant, it was still the general custom during the period under review for a person sitting at a table to have it all to himself. The new practice just mentioned was in the meantime growing popular in restaurants, where probably it had its origin.